AF496560

Josiane Caron Santha, ergothérapeute

Comment survivre aux devoirs

MIDI trente ÉDITIONS

Catalogage avant publication de Bibliothèque et Archives nationales du Québec et Bibliothèque et Archives Canada

Caron Santha, Josiane, 1972-

    Comment survivre aux devoirs

    ISBN 978-2-923827-65-0

    1. Devoirs à la maison. 2. Éducation - Participation des parents. 3. Motivation en éducation. I. Titre.

LB1048.C37 2015   371.30281   C2015-941215-3

Auteure : Josiane Caron Santha
Illustrations : Bigstock Photo
Crédit photo (auteure) : Gilles Brunet
Crédit photo : DollarPhoto Club
Édition et conception graphique : Éditions Midi trente

Tous droits réservés
© ÉDITIONS MIDI TRENTE
www.miditrente.ca

ISBN : 978-2-923827-65-0
Imprimé au Canada

Dépôt légal : 3e trimestre 2015
Bibliothèque et Archives nationales du Québec
Bibliothèque et Archives du Canada

Société
de développement
des entreprises
culturelles
Québec

Les Éditions Midi trente remercient
la SODEC de son soutien.

Gouvernement du Québec –
Programme de crédit d'impôt pour
l'édition de livres – Gestion SODEC

Canada

Nous reconnaissons l'aide financière
du gouvernement du Canada par
l'entremise du Fonds du livre du Canada
(FLC) pour nos activités d'édition.

Table des matières

Introduction

Julien se met à la tâche seulement si on « achète » sa participation en lui promettant une période de jeu vidéo. Valérie termine chaque séance de devoirs par une crise. Nathan semble enthousiaste, mais il ne peut rester à la tâche que quelques minutes avant de bondir de sa chaise. Sophie produit des travaux d'une qualité embarrassante.

Sachez que vous n'êtes pas seul. Êtes-vous le parent de Julien, de Valérie, de Nathan ou de Sophie ? Si vous avez l'impression que votre enfant ne comprend pas l'importance des devoirs et des leçons, qu'il n'est pas suffisamment autonome ou concentré, qu'il se dévalorise ou se décourage, qu'il s'oppose, se fâche ou détruit son matériel lorsque la tâche lui semble trop difficile… sachez que vous n'êtes pas seul.

En tant qu'ergothérapeute, j'ai eu l'opportunité de conseiller un grand nombre de familles à la recherche de stratégies efficaces pour mieux vivre la période des devoirs et des leçons.

En tant que maman, j'ai cherché toutes sortes de solutions aux problèmes de la liste ci-dessus. J'ai passé de longues périodes de devoirs à tenter de rassurer ma fille, qui était souvent incapable de parler et de m'expliquer comment l'aider. Quelques années plus tard, j'ai dû faire preuve de créativité pour générer de l'intérêt et des efforts de la part de mon fils (mais aussi pour empêcher la destruction massive des cahiers et des crayons) ! C'est pour mettre mon expérience à profit que j'ai conçu cet ouvrage.

À propos de ce livre

Félicitez-vous ! **Si vous lisez ces lignes, c'est que vous êtes un parent impliqué, soucieux de soutenir votre enfant dans ses apprentissages scolaires.**

Cependant, nous savons très bien que les bonnes intentions ne mènent pas toujours à bon port. Une fois au milieu du lac, il est parfois difficile de trouver la manière la plus efficace de le traverser. Ce livre se veut donc un « guide de navigation » proposant un ensemble de stratégies efficaces pour relever les défis reliés à la période des devoirs et des leçons.

Les stratégies sont applicables à tous les enfants d'âge scolaire. Elles peuvent être utiles également aux jeunes qui présentent des troubles d'apprentissage ou de développement. Toutefois, dans ces cas, un soutien professionnel additionnel pourrait être nécessaire.

Comme ergothérapeute, mon rôle est d'offrir des outils pour s'adapter ou pour surmonter des problèmes fonctionnels. L'ergothérapeute s'intéresse au fonctionnement de l'enfant. Lorsque des besoins sont présents, la perspective adoptée est de considérer les éléments facilitateurs et les obstacles inhérents aux tâches elles-mêmes, à l'environnement et aux capacités de l'enfant (forces et fragilités développementales). Ce livre n'est pas un programme d'intervention, mais plutôt un recueil de conseils, de stratégies et d'outils conçus pour mieux adapter le contexte de la période des devoirs et des leçons aux besoins de l'enfant.

Comment utiliser ce livre

Il y a plusieurs façons d'utiliser ce livre. Si vous choisissez de le lire intégralement, du début à la fin, vous serez certainement inspiré, mais possiblement surchargé d'idées. Vous ne saurez peut-être pas par où commencer.

Je vous suggère dans un premier temps de vous demander pourquoi vous lisez ces lignes. Souhaitez-vous partir du bon pied et prévenir les problèmes ? Voulez-vous surmonter un défi en particulier ?

Dans la première section du livre, je vous propose de vous accompagner pour faire un « diagnostic » de votre situation. Dans cette optique, il peut être intéressant de compléter les grilles proposées en annexe (voir p. 104 à 106) afin de cerner d'où viennent les difficultés de votre enfant. Tente-t-il d'éviter de se trouver en difficulté ? Est-il épuisé après sa journée à l'école ? Les devoirs l'ennuient-ils ? Il n'en voit pas la pertinence ? De nombreuses hypothèses existent. La meilleure manière de choisir les bonnes stratégies est de vous assurer de bien comprendre ce que vit votre enfant. C'est exactement l'optique dans laquelle cet ouvrage a été conçu. Une seconde grille est également proposée pour vous aider à faire le point sur votre propre perception des devoirs.

Nous allons ensuite faire le point sur l'utilité des devoirs dans les apprentissages. Nous évaluerons également votre rôle comme parent ainsi que vos besoins et ceux de votre enfant.

Il sera également question du contexte et de l'environnement dans lesquels les devoirs prennent place, de même que de stratégies générales, applicables à tous les enfants. La section 2 présente des problèmes courants et des solutions concrètes pouvant y être rattachées :

> ▸ **Il ne veut pas faire ses devoirs.**
>
> ▸ **Il a de la difficulté à se concentrer.**
>
> ▸ **Il se fâche quand c'est difficile.**
>
> ▸ **Il est partisan du moindre effort.**

La section 3 s'attarde à certains défis particuliers :

> ▸ **Il a un trouble d'apprentissage.**
>
> ▸ **Il a un trouble de développement.**
>
> ▸ **Il est dyspraxique.**

Cependant, certaines stratégies exposées dans ces sections pourraient aussi être positives dans d'autres contextes. Elles ne sont pas exclusives aux situations auxquelles elles sont rattachées.

La dernière section présente d'autres considérations importantes dans le contexte scolaire : l'autonomie, le tutorat et la communication avec l'école.

Nous conclurons avec quelques derniers conseils pour la route !

Si votre enfant éprouve des difficultés dans toutes les sphères de sa vie, il est possible que les stratégies proposées dans ce livre soient plus difficiles à appliquer avec succès et qu'une intervention plus globale soit requise. Gardez l'œil ouvert !

Section I

Réflexions et conseils préalables

L'utilité des devoirs dans les apprentissages

Eh, oui ! C'est indéniable. Les devoirs occupent une place importante dans les apprentissages. Non seulement ils permettent à votre enfant d'assimiler et de réorganiser ses nouvelles connaissances dans son propre cadre de référence, mais ils sont une première responsabilité incontournable à laquelle il ne peut déroger. En effet, c'est souvent la première fois que votre enfant rend des comptes à une personne qui n'a pas un amour inconditionnel pour lui. Les devoirs sont une occasion d'apprendre à être responsable et à assumer les conséquences positives ou négatives de ses choix. Enfin, ils sont une opportunité pour votre enfant d'apprendre à planifier, à s'organiser et à gérer son temps.

En principe, les devoirs jouent un rôle fondamental dans le parcours scolaire de votre enfant. Pourtant, en pratique, il est parfois difficile de bien saisir leur véritable utilité lorsqu'ils sont source de stress pour votre enfant et de tensions pour toute la famille.

Cependant, les devoirs n'ont pas la même utilité en début de cheminement scolaire. Par exemple, en 1ère année, l'objectif des devoirs est habituellement d'initier l'enfant à l'idée d'avoir des travaux à faire à la maison, de l'amener à partager ses apprentissages avec ses parents et de permettre à ceux-ci d'observer l'évolution des apprentissages. Développer le plaisir d'apprendre et stimuler l'intérêt pour l'école : voilà les objectifs visés au premier cycle. C'est un peu plus tard que les devoirs permettront à l'enfant d'apprendre à penser pour lui-même et à se responsabiliser.

Le rôle des parents

L'entourage de l'enfant joue un rôle important dans sa réussite scolaire

La famille est évidemment le premier entourage de l'enfant. Le déroulement positif de la période des devoirs dépend en grande partie du rôle que vous adopterez, non seulement pendant la période allouée aux devoirs, mais aussi avant, après… bref, en tout temps.

Il va de soi que c'est l'école qui, la première, a la responsabilité de proposer à votre enfant les apprentissages qui conviennent à son âge. Néanmoins, la philosophie éducative de l'école, aussi exceptionnelle puisse-t-elle être, les qualités et la bonne volonté de l'enseignant ne suffisent pas toujours pour répondre aux besoins de votre enfant. Chaque enfant étant unique, sa personnalité et son style d'apprentissage ne s'arriment pas nécessairement parfaitement au style d'enseignement qu'il reçoit.

Comme parent, vous êtes dans une position particulièrement stratégique pour faciliter ce processus, et ce, pour trois raisons fondamentales : **vous vivez avec votre enfant, vous le connaissez mieux que quiconque et vous avez sa réussite à cœur.**

Pour bien jouer votre rôle, vous devez d'abord adopter une vision positive de votre enfant.

L'image que vous vous faites de lui va nécessairement influencer vos actions et vos attitudes envers lui. Par exemple, si votre enfant bouge trop pour arriver à rester assis pendant de longues périodes… plutôt que de vous dire qu'il est hyperactif, pensez à lui comme ayant des ressources d'énergie inépuisables. Imaginez ce que VOUS pourriez accomplir avec toute cette énergie ! Partagez cette idée avec votre enfant et trouvez ensemble la meilleure façon de bénéficier de la période des devoirs quand on est une voiture de course. Il est peu probable que la route de campagne soit la voie à privilégier… Il vaut mieux privilégier un circuit de Grand Prix !

Saisissez les opportunités de lui témoigner que vous valorisez ses apprentissages (et l'éducation en général…).

Profitez des moments où votre enfant est disponible pour discuter (par exemple aux heures de repas ou en soirée), pour lui demander de nommer une chose qu'il a apprise ou qu'il a trouvée intéressante pendant sa journée. Amenez-le à voir l'utilité de cet apprentissage dans la vie quotidienne. Parlez-lui de vos apprentissages de la journée ou de la veille (une recette, une nouvelle fonction de traitement de texte ou un pays que vous ne connaissiez pas et dont il a été question aux nouvelles télévisées). Offrez-lui l'opportunité de vous apprendre quelque chose en lien avec ses intérêts, surtout s'ils ne correspondent pas aux vôtres. Permettez-lui d'observer comment vous gérez votre ennui ou comment vous persévérez devant la « difficulté ». Si vous souhaitez aller encore plus loin, dites-lui de vous donner un devoir pour vous permettre d'intégrer l'information. Étudiez avec lui… Apprenez ou révisez vraiment, avec une intention sincère d'apprendre. Certes, vous connaissez déjà vos tables de multiplication. Mais il est fort probable que les particularités du mode de vie des Algonquins au 19e siècle vous échappent. Cela ne vous intéresse pas ? Montrez de l'empathie à votre enfant et fournissez les efforts nécessaires ! **Vous êtes le modèle dont votre enfant a besoin et dont il s'inspirera pour déterminer si ses efforts en valent la peine.**

Valorisez sa curiosité naturelle.

En tout temps, soulignez ses efforts et sa persévérance lorsqu'il souhaite apprendre quelque chose de nouveau qui correspond à ses intérêts. Offrez votre aide pour approfondir ses connaissances. Par exemple, lorsque mon fils m'a dit qu'il souhaitait devenir commentateur de jeux vidéos sur Youtube, malgré mes réticences, je l'ai aidé à faire des recherches sur les habiletés personnelles et l'équipement nécessaires et à imaginer un plan d'épargne qui l'aiderait à atteindre son but. Il a rapidement réalisé que son rêve ne se concrétiserait probablement qu'au bout de quelques années d'efforts...

Attendez-vous au mieux plutôt qu'au pire.

Traduisez ceci dans vos paroles. Par exemple : « J'ai hâte de te voir compléter ton devoir de mathématiques en moins de dix minutes » plutôt que « J'espère que tu feras des efforts pendant plus de deux minutes, aujourd'hui ».

Enrichissez votre vocabulaire.

Choisissez des mots propices à entraîner des actions ou une prise de conscience. Utilisez-les toujours dans un climat affectif positif. Plaisez-vous

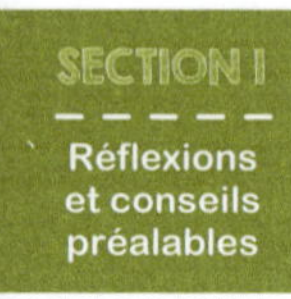

à surprendre votre enfant en flagrant délit d'autonomie, de per-sévérance ou d'effort.

Exemples :

Ah, ha ! Je t'ai vu ! Tu as été autonome. Tu as sorti toi-même tes cahiers de ton sac.

Tu sembles un peu nerveux de faire la situation problème en mathématique, cela me démontre que tu trouves important de bien réussir.

Tu démontres une telle volonté à aller jouer… tu pourras y aller, dès que tes travaux seront terminés !

Je te félicite d'avoir pensé à fermer ta porte. Cela montre que tu fais des efforts pour te concentrer.

Encouragez et mesurez les efforts plutôt que seulement les réussites.

Ainsi, les succès seront plus fréquents. Par exemple : « Bravo ! Il est clair pour moi que tu as donné ton maximum ce soir, même si nous n'avons pas réussi à terminer ». En fait, peut-être n'avez-vous pas accompli tout le travail demandé, mais il se peut que vous ayez quand même effectué certains apprentissages importants en termes de gestion du temps (vous avez fermé les livres parce que c'était l'heure du bain), de communication (votre enfant est arrivé à mieux communiquer ses difficultés et à demander de l'aide) et de gestion des émotions de frustration et de déception par rapport à l'échec (il s'est calmé en se disant qu'il ferait mieux la prochaine fois).

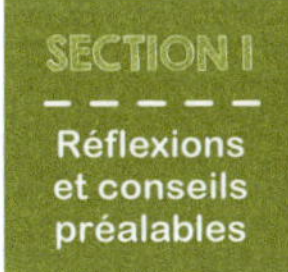

Gardez un œil sur l'équilibre de son horaire.

Les activités parascolaires artistiques et sportives sont sans aucun doute positives pour le développement de votre enfant. Cependant, il faut surveiller la proportion de temps et d'énergie mentale que votre enfant y consacre pour s'assurer que les ressources nécessaires lors de la période des devoirs n'y passent pas. Prenez le temps d'analyser l'objectif et les impacts des activités parascolaires avant de prendre des décisions. Certains compromis peuvent être justifiés en regard des besoins de l'enfant.

Par exemple, la musique est un art très positif à plusieurs égards, mais comporte aussi de fréquentes périodes de « devoirs et leçons » qui peuvent épuiser les ressources en persévérance de l'enfant lorsque celles-ci sont limitées. La pratique d'un sport active l'éveil et la vigilance et favorise la concentration. C'est indispensable pour certains enfants. Néanmoins, certains contextes sportifs génèrent beaucoup de pression. Ceci peut amplifier le sentiment qu'entretiennent certains enfants de ne pas être en mesure de réussir. Certains sports d'équipe comme le hockey permettent à l'enfant de développer son sens des responsabilités, une absence ou un manque d'effort de sa part pouvant affecter le rendement de l'équipe entière. Le scoutisme favorise le dépassement personnel dans des domaines qui correspondent parfois davantage aux besoins de l'enfant. Choisissez judicieusement ses activités parascolaires en fonction de ses besoins.

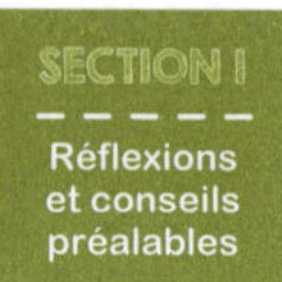

Les besoins des parents

Il ne faut pas se le cacher, nous, les parents, avons aussi des besoins. **Je vous encourage à mettre vos besoins à l'avant-plan. Oui, avant même les besoins de votre enfant.** Toutes les bonnes idées du monde ne pourront porter fruit si vous allez à l'encontre de vos propres besoins, capacités et ressources. Il faut être réaliste. En d'autres mots, il sera difficile de courir avec succès un marathon, même si vous êtes très motivé, si vous n'avez pas les aptitudes physiques, le temps de vous entraîner et une bonne dose de persévérance. Je vous invite à évaluer les besoins suivants en fonction de vos valeurs, de votre vécu et de vos préférences personnelles. De quoi avez-vous besoin ?

- [ ] **Calme et harmonie**
- [ ] **Prévisibilité**
- [ ] **Disponibilité**
- [ ] **Autre**

Calme et harmonie

Peut-être avez-vous un emploi qui génère beaucoup de stress ou dans lequel vous devez gérer des émotions fortes. Il est probable que vous ayez besoin de calme une fois de retour à la maison. Si la période des devoirs est marquée par les tensions et les conflits, cela ne contribue pas à la création du climat agréable et harmonieux dont vous avez besoin. Il vous faudra envisager les solutions présentées dans ce livre en gardant cet objectif en tête.

Prévisibilité Vous avez du travail à terminer en soirée et des tâches domestiques à effectuer (lavage, ménage, repas)? Vous vous levez tôt et vous avez besoin de vous coucher à une heure précise pour avoir assez de sommeil? Vous êtes une personne organisée et vous avez créé une routine qui fonctionne bien. Ainsi, lorsque la période des devoirs se déroule comme prévu, au moment prévu et dans la durée prévue, tout va pour le mieux dans le meilleur des mondes.

Disponibilité Vous avez de la bonne volonté et vous aimeriez soutenir adéquatement votre enfant, mais vous êtes le seul parent disponible en soirée pour gérer la maisonnée? Vous avez plusieurs enfants qui ont besoin d'aide durant la période des devoirs? Un de vos enfants doit être accompagné à ses activités sportives en soirée? Votre plus grand rêve est d'avoir un clone? Ainsi, votre plus grand besoin est de répondre aux besoins de tous et chacun sans devoir faire des choix déchirants. (En effet, aucun parent ne souhaite dire à son plus jeune enfant qu'il ne peut pas étudier avec lui parce qu'il doit prioriser les devoirs de l'aîné, qui n'est pas autonome et dont les travaux semblent plus importants.)

Maintenant que vous avez pris quelques instants pour réfléchir à vos besoins, je vous invite à les garder en tête lorsque vous considérerez les stratégies que je vous propose dans ce livre. Vous aurez beaucoup plus de succès si vous choisissez de mettre en place celles qui correspondent autant à vos besoins qu'à ceux de votre enfant.

Les besoins des enfants

Si votre enfant adopte certains comportements négatifs envers les devoirs, dites-vous que c'est peut-être une stratégie pour préserver son estime personnelle... En effet, si, malgré ses efforts, votre enfant a souvent récolté des commentaires négatifs par rapport à ses performances ou vécu des moments désagréables durant la période des devoirs, il est tout à fait normal qu'il souhaite éviter ces contextes, que ce soit consciemment ou non.

Ainsi, votre enfant a peut-être besoin :

- [ ] qu'on valide ses efforts (sans égard aux réussites);
- [ ] qu'on valorise ses réussites, quelles qu'elles soient;
- [ ] qu'on ait confiance en ses capacités;
- [ ] qu'on croie en lui.

De la même manière, si l'horaire est toujours très chargé le soir à la maison, il est possible que la période des devoirs empêche de combler un autre besoin...

Ainsi, votre enfant a peut-être besoin :

- [ ] de passer du temps avec vous dans un autre contexte que celui des devoirs;
- [ ] d'avoir du temps pour lui-même, dans sa bulle;

☐ d'exprimer sa créativité dans des jeux libres ;

☐ de se reposer, après une journée où il a fourni beaucoup d'efforts ;

☐ de ressentir des émotions positives autour de lui ;

☐ … et devinez quoi ? Votre enfant a peut-être besoin lui aussi de calme et d'harmonie après sa journée chaotique à l'école.

Ce peut être un défi de nommer vos propres besoins. Comment alors découvrir la perspective de votre enfant ? Si cela était évident, vous ne seriez pas en train de vous le demander. **Vous pouvez d'abord lui poser la question.** Selon son âge, il pourra déjà vous donner quelques pistes. Voici des questions qui peuvent guider votre investigation :

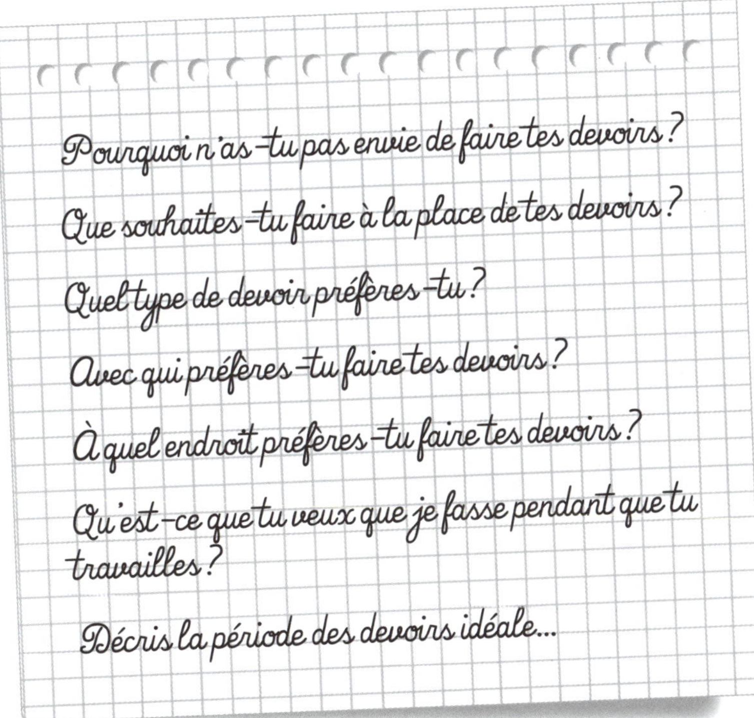

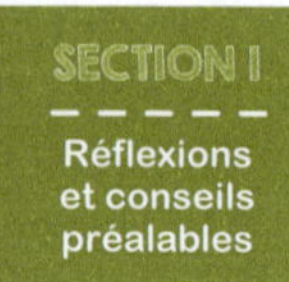

Un moyen efficace que j'ai trouvé pour mieux comprendre la perception de l'enfant est de faire du théâtre avec lui. **Échangez les rôles pour un soir.** Laissez-le devenir vous… et devenez lui, bien sûr ! Oui, oui ! Faites ses devoirs. Dès le début du jeu, vous comprendrez mieux son point de vue et vous verrez si vous semblez brusque, négatif, intolérant, trop occupé pour être sincèrement intéressé à l'aider, etc. Jouez plusieurs scénarios, demandez de l'aide, découragez-vous, fâchez-vous… et voyez comment votre « parent » vous soutient. Vous en apprendrez probablement beaucoup sur la perception et les besoins de votre enfant de cette manière.

Créer un climat propice à une période des devoirs agréable

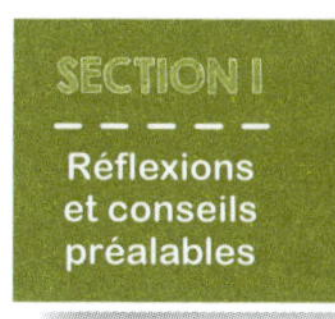

L'environnement physique 

Dans quelle pièce ? La bonne pièce sera celle dans laquelle la plus grande productivité est possible. Il ne s'agit pas nécessairement de la pièce la plus silencieuse, la plus agréable, la mieux équipée, la plus attirante ou la plus pratique de la maison. Certains enfants sont très efficaces dans leur chambre, bien assis à leur bureau de travail, alors que d'autres sont plus à l'aise et actifs sur le canapé du salon ou à plat ventre dans le corridor. Je vous propose de faire l'exercice suivant avec votre enfant. Dressez la liste de tous les endroits possibles dans la maison pour faire les travaux scolaires… Ne laissez aucune possibilité de côté. Même la salle de bain peut être un lieu très fonctionnel pour étudier. Le bain, notamment, offre un bon soutien au corps lorsque la tête doit fournir des efforts importants, par exemple pour apprendre par cœur.

Le mobilier Il va sans dire que le mobilier choisi devrait respecter le plus possible les règles d'ergonomie. **Un meuble est ergonomique lorsque ses dimensions et sa position sont bien ajustées pour la personne qui l'utilise.**

Voici les règles d'ergonomie de base

Un poste de travail ergonomique ne devrait pas être considéré comme un luxe, particulièrement pour les enfants de moins de 9 ans qui en sont encore à consolider leur développement sensori-moteur. Il est vrai que plusieurs enfants arrivent à bien fonctionner malgré une chaise ou un bureau trop haut ou trop bas. Malheureusement, pour certains, les défis qu'un poste de travail mal ajusté entraînent sont considérables, notamment en regard de la capacité d'attention et de la disponibilité aux apprentissages.

Quelques indices révélant qu'un poste de travail est mal ajusté pour l'enfant

▸ Il bouge constamment sur sa chaise.

▸ Il cherche souvent à se lever.

▸ Il prend une variété de postures sur la chaise (il s'assoit sur les genoux, il enroule ses pieds autour des pattes de sa chaise, il appuie sa tête sur son bureau, il se couche sur son bureau, etc.).

▸ Vous le surprenez souvent à travailler debout.

▸ Il éprouve des difficultés de concentration.

Pour l'enfant qui présente encore des faiblesses au plan de la force ou du contrôle des muscles du tronc, le maintien de la position assise demande encore un grand effort. Un poste de travail bien ajusté peut aider à minimiser le travail musculaire et l'effort mental nécessaires pour rester assis longtemps. On observera aussi que l'enfant s'agite moins sur sa chaise. En effet, en bougeant, l'enfant cherche en quelque sorte à « changer le mal de place » !

L'ajustement du poste de travail est essentiel lorsqu'un enfant a de la difficulté à rester assis. C'est le premier facteur à considérer et à régler pour donner un coup de pouce à un enfant. Dans un deuxième temps, d'autres stratégies, équipements ou exercices pourront être explorés si le problème persiste.

Il n'est pas toujours nécessaire d'acheter de nouveaux meubles pour favoriser l'ergonomie. Celle-ci peut parfois être atteinte par de simples ajustements. Par exemple, il est possible de régler un problème associé à un bureau trop haut en trouvant une chaise plus haute ou un coussin pour surélever l'enfant. Un soutien adéquat permettra ensuite l'appui des pieds au sol.

Un soutien pour les pieds peut facilement être fabriqué en attachant, avec du ruban adhésif d'emballage :

- *de vieux journaux ou magazines;*
- *de vieux draps;*
- *une boîte de chaussures alourdie à l'aide d'objets non bruyants;*
- *de petits carrés de plancher en mousse empilés à la bonne hauteur.*

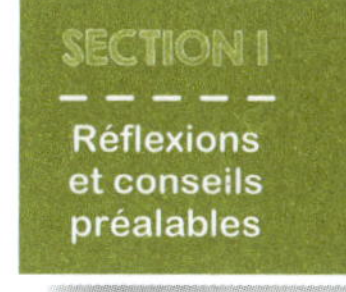

Les positions de travail

Alors que la norme veut que l'enfant soit assis sur une chaise et installé à une table ou à un bureau pour faire ses devoirs, d'autres postures peuvent tout de même s'avérer très efficaces. Voici des exemples.

- *À plat ventre sur le plancher.*
- *Debout avec une feuille collée au mur.*
- *À genou devant une chaise, avec un coussin sous les genoux.*
- *Allongé dans le bain.*
- *Dans une balançoire ou un hamac.*

L'environnement sensoriel 

L'environnement sensoriel est constitué de l'ensemble des stimuli perceptibles par les sens de votre enfant. Ainsi, il est possible que certains stimuli soient des irritants sensoriels pour votre enfant sans l'être pour vous. Voici des exemples d'irritants communs qui peuvent nuire à la concentration.

IRRITANTS VISUELS :

les néons, la lumière du soleil qui entre par la fenêtre, la réflexion par un miroir.

IRRITANTS SONORES :

les bruits de la maison ou de l'extérieur, le volume et le ton de votre voix.

IRRITANTS TACTILES :

la texture du bureau, du crayon, d'un cahier ou de la spirale sous la main.

L'environnement humain

Où êtes-vous pendant la période des devoirs de votre enfant ? Devant lui ? À côté ? Derrière ? Occupé dans la même pièce (par exemple en train de cuisiner pendant que votre enfant est à la table de la cuisine) ? Occupé à lire ou à travailler à la même table que lui ? Explorez l'impact de chacune de vos positions, vous serez peut-être surpris de découvrir quelles positions et quelles actions sont les plus aidantes (ou nuisibles !).

Des trucs bons tout le temps

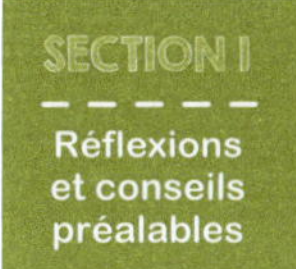

[Routine, routine, routine...]

C'est probablement le facteur le plus important. **Une routine implique de la prévisibilité quant au moment, à la manière et idéalement à la durée de la période des devoirs.** Elle doit aussi comprendre des exigences mesurables (par exemple : utiliser une belle écriture, ne pas pleurer, etc.). Une routine devrait aussi être documentée ou affichée quelque part pour la rendre « officielle », c'est-à-dire non négociable et incontournable. Par exemple, prenez rendez-vous avec votre enfant du lundi au jeudi, toujours à la même heure. Respectez ce rendez-vous même dans l'éventualité où il y a congé de devoirs. Profitez de ce moment d'apprentissage pour faire un travail au choix, une recherche ou une discussion sur un sujet d'intérêt.

[Le meilleur moment]

Prenez le temps de déterminer, avec votre enfant, **le meilleur moment et la meilleure durée pour la période des devoirs.** Il faut tenir compte pour cela des préférences, bien sûr, mais aussi des capacités de l'enfant et de la réalité quotidienne. Tentez de trouver à quel moment le corps et l'esprit sont les plus disponibles aux apprentissages. Lorsque les devoirs sont donnés pour la semaine, ceux-ci peuvent être faits en petits blocs

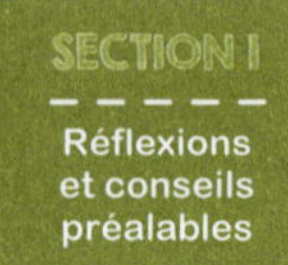

tous les jours ou pendant la fin de semaine, de manière plus concentrée. Dans ce deuxième scénario, il faudra aussi déterminer si une période de deux heures le samedi matin est plus facile ou plus exigeante que quatre périodes de trente minutes (ou huit périodes de quinze minutes) à différents moments de la journée ou de la fin de semaine. **Le tout doit également correspondre aux périodes de disponibilité physique et émotionnelle du parent.** Voici quelques questions pour guider votre analyse.

Quand faire les devoirs et les leçons ?

> *Quel(s) jour(s) de la semaine ? Tous les jours ou une fois par semaine ?*

> *À quel moment de la journée ? Le matin avant d'aller à l'école, à l'heure du dîner (si votre enfant vient manger à la maison et est disposé, il est possible de faire entre vingt et trente minutes d'étude ou de travaux), tout de suite après l'école, avant le souper ou en soirée ?*

> *Pendant combien de temps ? Pendant une période continue ou en petites tranches de courte durée ?*

> *Quelle quantité de travail est gérable selon la perspective de l'enfant ?*

Donnez-vous comme mission de faire l'essai des différents modèles possibles et amenez votre enfant à conclure de lui-même ce qui fonctionne le mieux pour lui

[Prévisibilité]

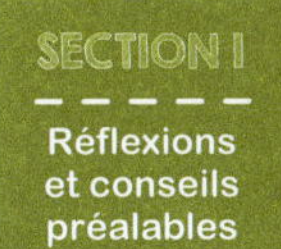

Augmentez la prévisibilité de la période des devoirs à l'aide de différents moyens :

> *Ayez un plan de travail pour la période des devoirs. Ce peut être une liste des devoirs à faire avec des cases à cocher ☒ à chaque étape. Les enfants ont souvent des plans de travail pour la semaine. Or, il peut être utile d'en faire un pour chaque période. L'outil peut être formel (comme ci-dessous) ou plus informel, écrit à la main sur un bout de papier ou sur un tableau.*

> *Utilisez une minuterie visuelle (Time timer©, sablier), un chronomètre ou une application pour voir le temps passer.* 

[Constance]

Il sera plus facile d'assurer de la constance et d'être prévisible dans votre approche avec votre enfant si un seul des deux parents est attitré au poste de responsable des devoirs. Si cela n'est pas possible, peu importe l'approche que vous choisissez d'adopter, **la cohérence dans la façon d'intervenir est essentielle.**

[Flexibilité] 

Adaptez votre approche aux besoins de votre enfant plutôt que l'inverse. Il est fort probable que votre enfant puisse bien fonctionner, mais d'une manière différente de ce qui fonctionne pour l'enfant moyen, pour vous-même ou pour sa grande sœur.

Soyez souple également quant à l'idée que vous vous faites du souper familial idéal. En effet, il est bien possible que votre plus jeune et vous-même soyez affamés vers 17 h, tandis que l'autre parent et le plus vieux ne sont de retour que vers 18 h 15. Si en plus vous savez très bien que les disputes sont plus probables lorsque tous sont présents, n'hésitez pas ! Mangez plus tôt et éclipsez-vous par la suite pour travailler avec votre plus jeune pendant que le reste de la famille mange. Modifier l'heure du repas pourrait avoir un impact positif sur la période des devoirs.

Redonnez un certain pouvoir à votre enfant pour arriver ensemble à trouver « son mode de fonctionnement gagnant ». Posez-lui des questions comme :

▶ *Quand veux-tu faire tes devoirs ?*

▶ *Comment aimerais-tu que je te rappelle de faire tes devoirs ?*

> ▸ *Comment aimerais-tu que se déroule ta période des devoirs ?*
>
> ▸ *Où veux-tu que je sois pendant que tu fais tes devoirs ?*
>
> ▸ *Qu'aimerais-tu que je dise ou fasse pendant ta période des devoirs ?*
>
> ▸ *Comment aimerais-tu que je t'avise de tes erreurs ou de la nécessité d'améliorer la qualité de ton travail ?*

[Créativité]

Soyez créatif ou du moins **laissez votre enfant faire preuve de créativité** pour organiser sa période des devoirs. Par exemple, invitez-le à construire une cabane dans le salon et à faire ses travaux dedans… Encore mieux, participez à la construction ! Bien que les devoirs demandent d'utiliser du papier et des crayons (et donc une surface de travail plane), les possibilités sont quasi infinies pour aborder les leçons de façon créative*. Voici quelques idées pour étudier les mots de vocabulaire.

> ▸ *Épeler les mots au rythme des sauts sur un trampoline.*
>
> ▸ *Écrire les mots dans de la poudre de Jell-O… et se lécher les doigts lorsqu'on réussit.*
>
> ▸ *Jouer avec un ballon de baudruche et épeler les mots en frappant sur le ballon.*
>
> ▸ *Placer tous les mots à l'étude dans un tableau de Scrabble. Chaque mot doit partager une lettre avec le mot précédent.*

---

*Pour d'autres stratégies d'apprentissage intéressantes, consultez l'*Affiche des stratégies d'apprentissage,* Éditions Midi trente, 2014.

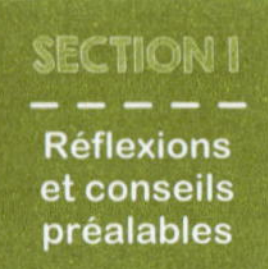

[Résolution de problème]

En cas de besoin, suivez les étapes de l'approche collaborative de résolution de problème* :

- *Montrez de l'empathie.*

- *Énumérez les faits. Exemple : « J'ai remarqué que chaque fois qu'on parle de devoirs, tu t'enfuies, tu évites le sujet ou tu t'opposes ».*

- *Décrivez le problème à partir de votre perspective. Exemple : « Quand je t'observe, j'ai l'impression que tu veux me faire fâcher ».*

- *Aidez votre enfant à communiquer son point de vue. Exemple : « Chaque fois que tu commences à parler de devoirs, je sais que je vais me faire gronder ».*

- *Faites une tempête d'idées (remue-méninges) pour trouver ensemble des solutions qui pourraient satisfaire tant le parent que l'enfant. Exemple : « Essayons de trouver des solutions qui résoudraient nos problèmes à tous les deux ».*

---

*Inspiré de Ross W. Greene, «The Explosive Child : A New Approach for Understanding and Parenting Easily Frustrated, Chronically Inflexible Children», Harper, 2010.

[Inspiration]

N'hésitez pas à questionner les parents des amis de votre enfant (ou les amis eux-mêmes) sur leurs propres stratégies. Certains enfants souhaiteront s'inspirer des habitudes de leurs amis. Par exemple, mon fils a découvert en allant chez un ami que ses mots de vocabulaire étaient écrits sur un tableau effaçable accroché devant sa place à la table de la salle à manger. Il a même considéré comme un privilège le fait que je procède à l'achat d'un tableau pour faire la même chose.

[Reconnaissance des forces]

Prenez le temps de **reconnaître les forces** de votre enfant et de voir comment celles-ci peuvent contribuer au succès de la période des devoirs. Par exemple, si vous avez un enfant énergique et créatif que les devoirs ennuient, proposez-lui de lire les consignes des travaux en chantant de façon théâtrale ou laissez-le écrire ses réponses avec des crayons de différentes couleurs (et ainsi transformer son devoir en œuvre d'art).

[Transition]

Lors d'un changement de routine ou de façon de faire en lien avec la période des devoirs, **il est essentiel d'en parler à l'avance avec l'enfant et de déterminer ensemble la date de début de la nouvelle structure.** Par exemple, il ne faudrait pas retirer soudainement l'accès libre aux jeux vidéo pour transformer cette activité en privilège associé aux efforts ou aux bons comportements durant la période des devoirs.

Exemple de conversation :

Es-tu d'accord pour dire que les devoirs sont importants ?

Es-tu d'accord pour dire que la période des devoirs est désagréable pour toi et qu'il est dommage que je doive élever la voix pour que tu te mettes au travail ?

Aimerais-tu avoir davantage le goût de faire tes devoirs ?

Es-tu d'accord pour trouver quelque chose de très motivant qui te donnerait envie de faire tes devoirs ?

Qu'est-ce qui est très motivant pour toi ?

Serais-tu d'accord pour qu'on associe ce privilège (par exemple une période de jeux vidéo) avec la période des devoirs ?

Quand pourrions-nous commencer ? Le 1er octobre prochain ?

À éviter

Les sermons

Il n'est pas productif de tenir un discours comme : « Quand j'étais jeune, ma mère ne m'aurait jamais laissé lui manquer de respect comme ça ! Quand elle me disait de faire mes devoirs, je les faisais ! ».

Les conseils non sollicités

Devenez plutôt un partenaire en résolution de problème. Votre enfant sera probablement plus réceptif si vous lui proposez votre aide pour régler son problème de manque d'intérêt pour les sciences que si vous lui suggérez de passer plus de temps à lire des magazines scientifiques.

Les confrontations

Choisissez plutôt une manière diplomatique de rappeler à votre enfant de faire ses devoirs. Recadrez le problème. (Exemple : « Où vas-tu faire tes devoirs après le souper ? » plutôt que « Vas-tu faire tes devoirs après le souper ? »)

Les comparaisons

Ne le comparez pas avec ses frères, ses sœurs, ses amis ou même avec vous-même. (Exemple : « Ça ne me prendrait pas tout ce temps-là pour me mettre au travail, moi ! ») Invitez-le plutôt à se comparer avec lui-même. (Exemple : « Tu sembles avoir fourni plus d'efforts qu'hier pour soigner ta calligraphie ! As-tu remarqué ? »)

Plusieurs auteurs affirment que les enfants mesurent l'amour de leurs parents par la quantité et la qualité du temps passé ensemble. Ainsi, une période des devoirs bien gérée, même si elle est remplie de défis à surmonter, constitue un réel témoignage d'amour envers votre enfant. Gardez cela en tête en cas de besoin !

Section 2

Problèmes et solutions

Il ne veut pas faire ses devoirs

Quelques hypothèses

[1] L'enfant ne voit pas la pertinence de faire des devoirs.

[2] Les devoirs sont trop difficiles.

[3] La période des devoirs semble trop longue, voire interminable.

[4] Le contexte des devoirs est désagréable (par exemple, lorsque l'enfant ressent trop de pression).

[5] L'enfant a peur de ne pas être à la hauteur des attentes de ses parents.

[6] Les devoirs ne font pas le poids par rapport à d'autres activités plus attrayantes.

[7] L'enfant veut éviter un inconfort sensoriel dont il est conscient ou non (par exemple, le bruit de la mine sur le papier, l'irritation provoquée par l'anneau du cahier sur le côté de sa main, l'éclairage au néon, le filtreur de l'aquarium).

Pour partir du bon pied

[Créez un contact positif]

Établissez une relation positive avec l'enfant au moins 15 minutes (idéalement 30 minutes) avant de commencer les devoirs. Partagez une collation au retour de l'école. Discutez des moments agréables de la journée. Faites une courte activité ou un jeu au choix de l'enfant. Par exemple, Julien et son père construisent une ville en Lego. Ils ont prévu y travailler pendant 20 minutes tous les soirs, et ce, juste avant le début de la période des devoirs. Ainsi, Julien a toujours hâte à ce moment de la journée.

[Trouvez une raison de faire les devoirs]

Il est possible de motiver l'enfant en l'invitant à relever un défi. Choisissez ensemble le **défi du jour.**

Exemples :

- *Améliorer son temps de préparation des effets scolaires.*
- *Écrire quelque chose de la main gauche.*
- *Écrire le plus lentement possible.*
- *Communiquer avec des gestes.*

> *Estimer combien de temps prendra la réalisation d'un devoir et tenter de terminer avant le temps estimé.*

> *Mettre de la musique et estimer combien de chansons seront nécessaires pour réaliser un travail.*

L'enfant peut être motivé par la possibilité **d'obtenir une récompense** comme des autocollants, des jetons échangeables contre des  cadeaux, des friandises ou une période de jeu éducatif (application ou jeu vidéo). Il existe sur Internet des jeux de grammaire, des applications pour apprendre les tables de multiplication, etc.

Une autre manière de motiver l'enfant consiste à **transformer sa manière de voir les devoirs.** On peut lui présenter la période des devoirs comme une belle occasion de passer du temps de qualité seul avec un parent, d'avoir du plaisir ensemble et de développer une belle complicité, de recevoir des compliments, etc.

Exemples :

> *Rachida aime lire en alternance avec sa mère : chacune lit une phrase.*

> *Andréa dicte les calculs à son père, qui effectue les opérations sur une calculatrice.*

> *Le père d'Emmanuelle raconte une blague à certains moments spécifiques durant la période des devoirs.*

> *Julie et sa maman jouent une partie de tic-tac-toe entre chaque section de devoirs.*

> *Jonathan aime rire de son père qui prétend faire des erreurs en lecture et qui a toujours des réponses farfelues aux questions qu'on lui pose. Il se fait alors un devoir de le corriger.*

Enfin, l'enfant peut trouver une source de motivation dans le fait que ses apprentissages **peuvent lui être utiles dans la « vraie » vie.**

Exemples :

- ▸ *J'apprends à compter l'argent pour comprendre comment m'acheter les jouets que je désire.*

- ▸ *J'apprends à lire pour comprendre les instructions d'un nouveau jeu.*

- ▸ *J'apprends à mesurer pour cuisiner un gâteau.*

[Devenez son partenaire]

Faites-lui sentir que vous êtes dans son équipe. Convenez avec lui que les devoirs ne sont pas nécessairement plaisants, mais qu'ils constituent  une responsabilité incontournable et que la période des devoirs peut tout de même se passer de manière agréable. Aidez-le à faire face à cette responsabilité en adoptant sa perspective.

Vous pouvez aussi lui suggérer de **trouver un partenaire d'étude, réel ou imaginaire.** Le partenaire peut être un ami, une peluche ou même Tigris le chat à qui votre enfant enseignera ce qu'il a appris. L'ami en chair et en os qui a plus de facilité ou de motivation que votre enfant peut l'aider, tandis que l'ami qui a plus de difficulté peut recevoir l'aide de votre enfant. Cela peut être bénéfique, car expliquer quelque chose à une autre personne nécessite une bonne compréhension du sujet.

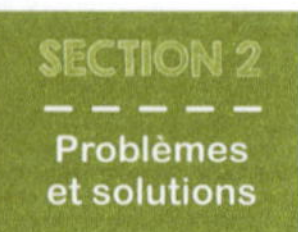

[Suscitez son intérêt]

Utilisez du **matériel stimulant** qui peut être combiné à des rituels motivants.

Exemples :

▶ *Les lundis « nouveau crayon »*

▶ *Les mardis « étude avec outil créatif »*

Tableau de dessin magnétique

Peinture à doigts

Crayons de différentes grosseurs

Crayons feutres sur miroir

Crayons effaçables sur tableau blanc

Crayons conçus pour la céramique dans le bain

Crayons à fenêtre

Craies sur asphalte

Plateau de sable, de farine, de poudre ou de pudding au chocolat pour dessiner avec les doigts

Papier sablé placé sous la page pour ajouter de la texture

Céréales Alphabits

▶ *Les mercredis « collation spéciale »*

▶ *Les jeudis « pause spéciale »*

Jeux de mains

Massage

Mandalas

Jeux de cartes

Mini hockey

▶ *Les samedis « lieu spécial »*

Au café du coin

Au bureau de papa

Chez grand-maman

Dehors

[Décorez]

Créez un coin devoirs attirant, voire irrésistible. Si l'enfant n'a pas envie de faire ses devoirs, peut-être pourriez-vous dans un premier temps lui donner envie d'aller dans son coin devoirs. Un placard aménagé pourrait résoudre une partie du problème.

Voici la photo du coin devoirs de ma fille lorsqu'elle était en 4ᵉ année.

[Soyez positif]

Pour les enfants qui font leurs travaux seuls, **assurez-vous de regarder les travaux complétés et de les commenter de manière positive** (« Wow, tu as pris ta belle écriture », « Ton dessin est beau », « Tu as eu de bonnes idées »), plutôt que de vous en tenir à vérifier que le devoir a été fait et de féliciter l'enfant simplement pour l'avoir réalisé. Il est important de susciter de la fierté et de la motivation intrinsèque, au-delà du respect des règles ou de l'autorité.

Lorsque des améliorations sont requises, utilisez la **méthode du sandwich** pour présenter votre rétroaction. Cette méthode est privilégiée dans le monde du leadership et permet d'offrir une rétroaction de manière positive.

> **Commentaire positif**

Suggestion, demande ou commentaire constructif

> **Commentaire positif**

Exemple :

> Bravo, tu as effectué le travail dans un temps record ! Tu es efficace.

J'aurais préféré que l'écriture soit un peu plus petite.

> Tes idées sont très intéressantes.

[Précisez les conséquences]

Affichez un aide-mémoire précisant les conséquences positives pour les devoirs faits et les conséquences négatives pour les devoirs non faits. Prenez l'habitude de lire cet aide-mémoire avant de commencer à travailler.

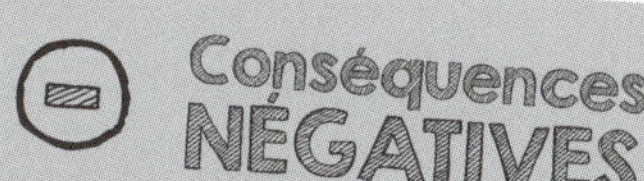

[Relâchez les exigences]

Allégez le contexte, diminuez les attentes et la durée des périodes de devoirs en début d'année ou après les périodes de vacances (par exemple après Noël).

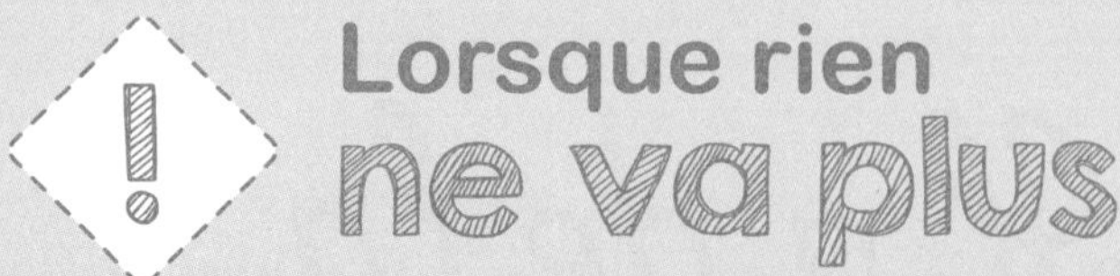

- Évitez de parler, d'argumenter, de tenter de raisonner avec l'enfant.

- Évitez d'acheter sa participation en lui promettant un cadeau.

- Évitez de le menacer de lui retirer certains privilèges.

- Évitez de faire ou de terminer le devoir pour lui.

- Évitez de percevoir le refus comme un affront à votre autorité.

- Gardez une attitude neutre, évitez de vous fâcher.

- Verbalisez les engagements brisés en communiquant les faits plutôt que vos émotions. Par exemple : « Louis, je remarque que tu n'as pas réussi à tenir ton engagement de faire tout ton devoir de mathématique », plutôt que « tu m'as menti » ou « tu m'as fait perdre mon temps ».

- Tentez toutes les stratégies que vous savez utiles pour instaurer un climat de calme, de sécurité et de bien-être. Si le refus représente sa façon de fuir une menace, la première chose à faire pour qu'il puisse retrouver sa disponibilité est qu'il se sente en sécurité.

- Une fois votre enfant plus disponible émotionnellement, proposez-lui de faire ses devoirs plus tard.

- Faites preuve de patience et demeurez constant.

- Préservez les mesures déjà mises en place et persévérez.

Il a de la difficulté à se concentrer

Quelques hypothèses

[1] L'enfant n'est pas dans un état optimal pour se concentrer.
- Il manque de sommeil.
- Il manque d'activité physique.
- Il est anxieux.
- Il est malade.

[2] L'enfant est dans un état qui l'empêche de se concentrer (léthargie ou hyperactivité).

[3] Il présente une immaturité neurologique qui lui occasionne des problèmes de concentration.*

*Goddard-Blythe, Sally (2005). *Reflexes, Learning and Behavior, A window into the child's mind*, Fern Ridge Press, 182p.

Pour partir du bon pied

[Aidez-le à se concentrer]

Prenez le temps **d'enseigner ce qu'est la concentration.** Proposez des règles concrètes et un soutien visuel.

Pour être bien concentré, il faut :

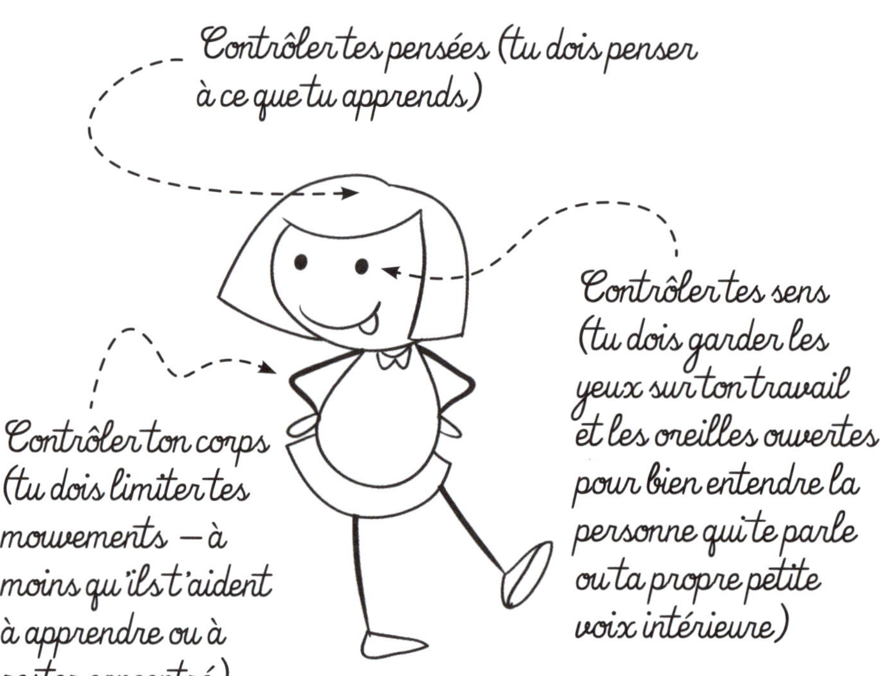

[Évaluez son état d'éveil]

Prenez le pouls de **l'état d'éveil** avant la période des devoirs et dé-terminez s'il est optimal.

Si l'enfant vous semble léthargique ou surexcité, proposez-lui d'essayer différentes stratégies sensorimotrices pour arriver à l'état souhaité. Par exemple, l'excitation peut être canalisée à l'aide d'une balle de stress chez certains enfants.

À l'opposé, monter et descendre l'escalier plusieurs fois de suite aide certains enfants à s'activer.*

*Les Éditions Midi trente ont publié deux outils d'intervention utiles pour aider l'enfant à se calmer : l'*Affiche du retour au calme* et les *Cartons du retour au calme* (www.miditrente.ca).

[Limitez les irritants]

Portez attention aux **stimuli sensoriels** subtils qui peuvent nuire à la concentration.

Exemples :

- *Chaise ou table instable*
- *Vêtements inconfortables*
- *Cheveux dans le visage*
- *Envie de pipi, faim, soif, fièvre*
- *Température trop basse ou trop élevée dans la pièce*

Proposez à l'enfant de porter des **vêtements confortables**  (on peut même avoir un « uniforme » pour les devoirs, au choix de l'enfant). Les enfants plus sensibles sont parfois irrités par la texture de certains vêtements (par exemple les jeans, les étiquettes, les collants chez les filles). Cela peut limiter leur capacité de concentration.

[La boite à idées intruses]

 Préparez une boîte à idées intruses. C'est tout simplement **une boîte renfermant un petit bloc-notes et un crayon.** Lorsque les pensées de votre enfant s'égarent vers un sujet intéressant, mais non relié aux devoirs, on prend rapidement l'idée en note et on la met dans la boîte. Plus tard, par exemple avant le coucher, on ouvre la boîte et on sélectionne les sujets qu'on souhaite encore aborder.

[Privilégiez une alimentation saine]

Choisissez judicieusement les repas et les collations qui précèdent la période des devoirs. **Réduisez l'apport en aliments sucrés,** ajoutez de l'eau aux jus et favorisez les aliments croquants, à saveur intense, si possible congelés.

[Évitez les distractions]

Évitez les activités surstimulantes pour le système nerveux dans les deux heures qui précèdent la période des devoirs. Par exemple, évitez les jeux vidéo et la télévision (surtout les films d'action et les dessins animés).

Éteignez les **appareils électroniques** qui peuvent potentiellement devenir des sources de distraction. Par exemple, éteignez les appareils qui émettent un son pour avertir de l'entrée d'un message ou pour inviter à retourner à un jeu.

Empêchez votre **animal** d'entrer, surtout s'il est très actif ou vraiment trop mignon (et irrésistible !).

Fermez la **télévision.**

Évitez de **discuter** entre adultes près du coin devoirs.

Occupez le **petit frère** à autre chose.

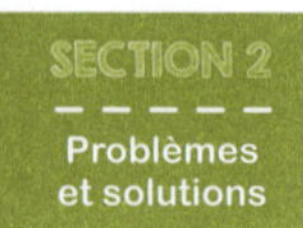

[Favorisez sa concentration]

Répertoriez des **stimuli sensoriels qui favorisent la concentration** (par exemple, des odeurs, des objets à manipuler, etc.). Vous pouvez aussi utiliser de la musique instrumentale ou du bruit blanc (disponible sur Internet). Assurez la vigilance visuelle en changeant fréquemment la couleur des travaux à l'aide de transparents de couleurs différentes.

L'utilité de la gomme à mâcher comme moyen de favoriser l'attention et la concentration a été documentée dans la littérature scientifique[*]. Une gomme sans sucre peut servir par le fait même de renforçateur si vous réservez son usage à la période des devoirs.

Prévoyez des pauses sensorielles à intervalles réguliers. Impliquez votre enfant dans la sélection des stratégies. Mieux il comprendra ce qui aide et ce qui nuit à sa concentration, plus il deviendra autonome pour la gérer et la contrôler. En ce sens, l'affiche individuelle « Expert en concentration »[**] peut être un bon moyen pour votre enfant de faire l'essai de différentes stratégies sensorimotrices conçues pour favoriser la concentration.

[*]Kate Morgan, Andrew J. Johnson and Christopher Miles. "Chewing Gum Moderates the Vigilance Decrement", *British Journal of Psychology,* 8 mar 2013.
[**]Caron Santha, Josiane. *Expert en concentration,* Éditions Midi trente, 2015.

Mesurez concrètement l'intensité de la concentration à l'aide d'un **« concentromètre ».** Aidez l'enfant à faire des prises de conscience en lui faisant part de vos observations. (Par exemple : « Je vois que tu bouges beaucoup plus tes jambes que tout à l'heure ».) Lorsque la concentration descend sous un certain niveau, il est temps pour l'enfant de s'arrêter et de refaire ses réserves de concentration.

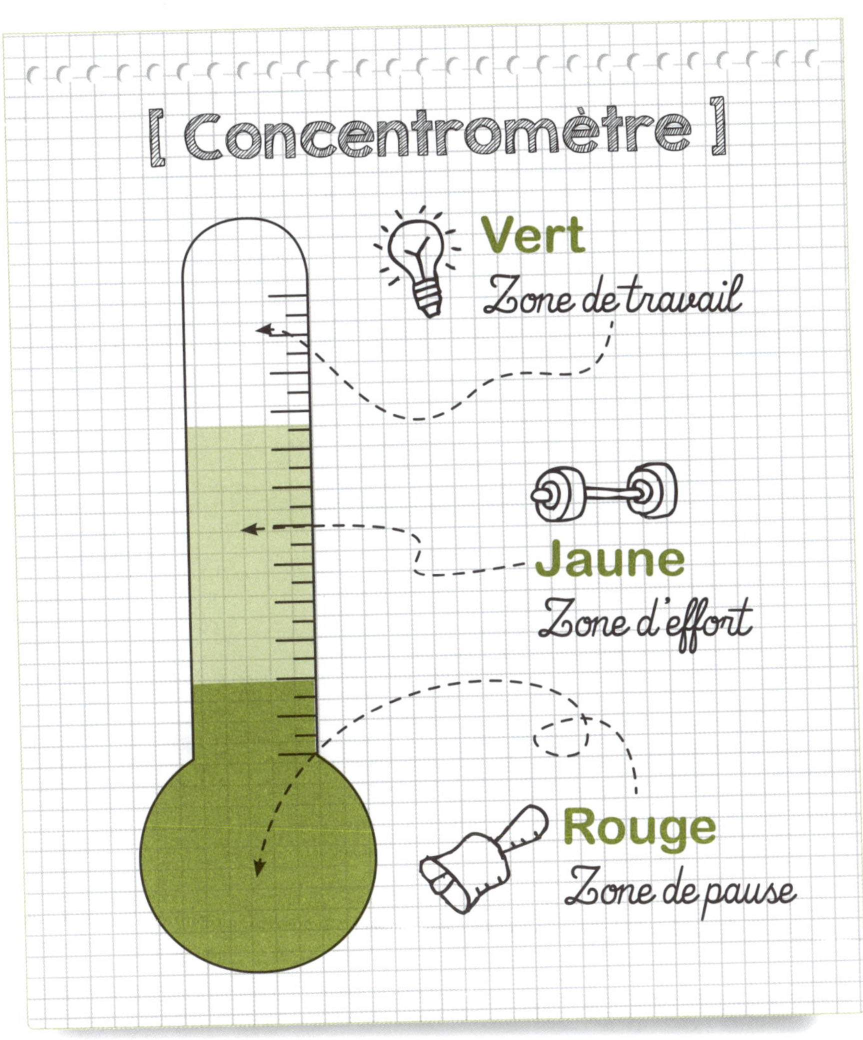

[Adaptez la période des devoirs à son profil attentionnel]

Par exemple, pour l'enfant qui a **besoin de bouger,** créez un parcours de devoirs : le devoir de français est dans la cuisine, le défi de mathématique, dans la chambre. Utilisez une minuterie et changez de contexte à intervalle régulier (par exemple aux cinq minutes).

Si l'enfant est **facilement distrait** par l'environnement, apprenez-lui à penser, à lire ou à « décrire » à haute voix tout ce qu'il fait pour réaliser ses travaux. Exemple : « Je sors mon cahier de mathématique de mon sac, je cherche la page 8, je lis la consigne… (lecture de la consigne), je pense à ma réponse, j'écris… ».

Si l'enfant a **tendance à partir dans ses pensées,** incitez-le à visualiser en couleur, en bruits, en odeurs ou en mouvements le contenu de ses travaux. Par exemple, s'il doit écrire le mot « camionnette », aidez-le à choisir la couleur de la camionnette, le son du moteur, la marque du véhicule, etc. Invitez-le à peaufiner cette « image » pendant quelques instants avant de passer au prochain mot.

Lorsque rien
ne va plus

1 ▶ **Une pause s'impose !**

2 ▶ **Nommez la perte de concentration (au lieu de recourir à la discipline). Exemple : « Ta réserve de concentration semble vide, je t'oblige à prendre une pause de recharge », plutôt que « Peux-tu faire plus d'efforts pour rester concentrer ? ».**

3 ▶ **En dehors de la période des devoirs, vous aurez répertorié et documenté différents moyens utiles au maintien de sa concentration. Lorsque rien ne va plus, choisissez un ou plusieurs moyens dans ce répertoire et mettez-les en action.**

4 ▶ **Participez à la pause avec l'enfant et invitez-le à déplacer son curseur sur son concentromètre (s'il en a un) au fur et à mesure que la réserve se remplit.**

5 ▶ **Reprenez le travail dans un contexte différent (par exemple, dans une autre pièce ou dans une position différente).**

Il se fâche quand c'est difficile

Quelques hypothèses

[1] Il ne considère pas la difficulté comme faisant partie du contexte d'apprentissage ou de l'expérience des devoirs.

[2] Il ne pense pas à demander de l'aide pour trouver une solution à ses difficultés.

[3] Il perçoit la difficulté comme un échec plutôt qu'un défi à relever.

[4] Il a de la difficulté à nuancer ses émotions (émotions « tout ou rien », réactions « tout ou rien »). Il ne connaît pas les frustrations légères, que les grosses colères.

Pour partir du bon pied

[Aidez-le à s'encourager]

Invitez-le à se dire à haute voix **quelque chose d'encourageant.** Préparez une liste de phrases inspirantes (comme des mantras pour enfants).

Exemples :

- *Superman ne se décourage jamais !*

- *À l'intérieur de moi se cache le super héros des travaux scolaires !*

- *Personne n'est parfait, c'est pour cela que les crayons sont munis de gommes à effacer.**

- *Les erreurs sont la preuve que j'ai essayé.***

[Équilibrez son menu]

Préparez un **menu de travail bien équilibré** incluant un hors-d'œuvre (pour ouvrir l'appétit), un breuvage (pour se désaltérer), un repas principal (bien nourrissant) et un dessert (pour finir en beauté, avec le sourire). N'oubliez pas de prendre des pauses entre les différents services (pour s'assurer de bien digérer).

---

*Traduction libre d'une pensée de Wolfgang Riebe.
** Traduction libre d'une pensée d'un auteur anonyme.

Exemple :

Entrée

Je termine la feuille sur les additions.

Plat principal

Je lis un texte et je réponds aux questions de compréhension.

Breuvage

Je joue au diabolo pendant cinq minutes.

Dessert

J'étudie mes mots de vocabulaire à l'aide d'un jeu sur ma tablette.

Ustensiles

Ma règle, mon crayon, une gomme à effacer…

Durée

45 minutes maximum.

[Élaborez un plan de gestion de la colère]

Préparez ensemble un plan qui lui permettra de repérer rapidement les stratégies à mettre en pratique s'il ressent de la colère pendant la période des devoirs. Vous pouvez ensuite l'expérimenter en initiant des jeux de rôles en dehors du contexte des devoirs, lorsque l'enfant est dans un état positif. L'enfant peut jouer le rôle du parent et vice-versa. Il pourra mieux visualiser le plan de colère en action et en apprécier les impacts positifs dans un contexte qui n'est pas menaçant. L'activité peut aussi être faite avec des figurines.

Plan de colère

Je reconnais mes signes de colère :

- Mes poings sont serrés
- Je hausse le ton
- Je barbouille dans mon cahier
- Tout ce que ma mère dit me dérange
- Je n'ai plus le goût de travailler

Ce que je NE PEUX PAS faire quand je suis en colère :

- Dire des mots blessants ou violents à mes parents
- Taper ou pousser mes parents
- Lancer des choses
- Détruire mon matériel
- Me décrire à l'aide de mots blessants
  (« Je ne suis pas bon ». « Je suis stupide »)

Ce que je PEUX faire quand je suis en colère :

- Taper dans un oreiller
- Crier dans un oreiller
- Sauter sur un petit trampoline
- Faire une pause
- Respirer profondément
- Lire une bande dessinée
- Barbouiller sur une feuille recyclée
- Dessiner
- Exprimer calmement ce qui ne va pas

Mesurez la teneur des émotions avant et pendant la période des devoirs. **Lorsqu'il y a apparence d'émotions négatives ou inconfortables, on STOPPE les devoirs** et on s'assure de faire le nécessaire pour gérer la colère de manière saine et constructive (à l'aide du plan de gestion de la colère).

[Anticipez les difficultés]

Aidez l'enfant à **estimer le niveau de difficulté** de son devoir. Si ce dernier est perçu comme étant difficile, réfléchissez ensemble aux émotions qu'il est susceptible de ressentir et à la manière dont il pourra les gérer. Prévoyez aussi les mesures d'aide qui pourraient être apportées. Lorsque le devoir est terminé, revenez sur la situation et évaluez la justesse de l'estimation qui avait été faite du niveau de difficulté.

Exemple :

AVANT

Adulte : *Crois-tu que de composer un texte d'une page sur tes vacances sera facile ou difficile ? Montre-moi sur la bande avec une flèche.*

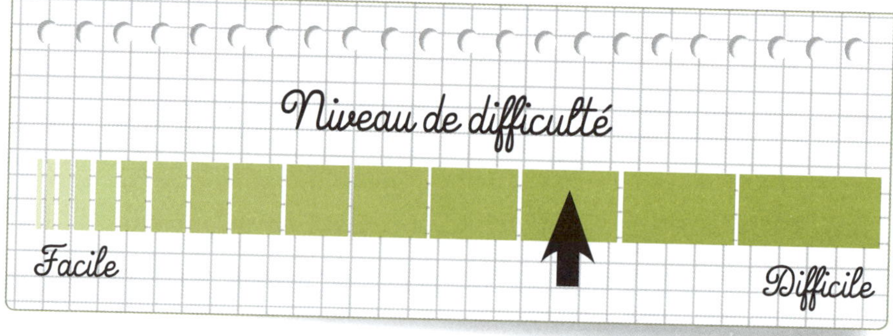

Enfant : *Environ ici.*

Adulte : *Tu évalues que ce sera « assez difficile ». Penses-tu que tu auras besoin d'aide ? Je suis disponible pour t'aider si tu veux. Comme le devoir te semble assez difficile, nous pouvons croire qu'il te faudra beaucoup de temps pour le réaliser. Peut-être qu'il ne te sera pas possible de le terminer en une seule fois. Tu auras probablement besoin de temps pour réfléchir, te reposer ou te changer les idées. Crois-tu qu'il est possible que tu vives des émotions plus ou moins agréables en faisant ce devoir ? Lesquelles ?*

Enfant : *Ce devoir me rend nerveux. Je vais peut-être me fâcher si je ne trouve pas d'idées. Je serai probablement déçu si mes idées ne sont pas assez bonnes à mon goût.*

Adulte : *Devrions-nous prévoir des moyens de gérer les émotions moins agréables ?*

Enfant : *Oui. Je vais m'arrêter pour une courte pause et prendre cinq inspirations profondes.*

Adulte : *Penses-tu qu'il est possible que tu vives aussi des émotions positives ?*

Enfant : *Non.*

Adulte : *Moi, je crois qu'il est aussi possible que tu sois surpris de constater que le devoir est plus facile que tu le croyais. Tu seras aussi content de réussir et fier de toi.*

PENDANT

Adulte (observant l'enfant qui hausse le ton, porte les mains à la tête et commence à faire des mouvements brusques) : *On dirait qu'une émotion est en train de s'installer, n'est-ce pas ? La reconnais-tu ?*

Enfant : *Oui ! La colère !*

Adulte : *Est-ce le moment de mettre ton plan de gestion de la colère en pratique ?*

Enfant : *Je pense que oui.*

Adulte (après) : *Te sens-tu mieux ? Sais-tu ce qui t'a mis en colère ?*

Enfant : *Ah ! Tu n'arrêtes pas de me faire corriger mes fautes alors que j'essaie de me concentrer pour trouver des idées.*

Adulte : *Je suis désolé, je pensais t'aider. Je vais arrêter et nous pourrons réviser l'orthographe après, ça te va ? Était-ce une petite ou une grosse colère pour toi ?*

Enfant : *Une petite.*

Adulte : *Tu sais, les petites colères, on les appelle aussi des frustrations. On peut facilement résoudre ces petites colères en en parlant. Cependant, elles peuvent grossir vite si on ne les exprime pas. Es-tu prêt à poursuivre ?*

Enfant : *D'accord.*

APRÈS

Adulte : *Et puis, finalement, ton devoir a-t-il été aussi difficile que tu l'avais prévu ?*

Enfant : *En fait, il a été beaucoup plus facile ! Comme tu m'as aidé, je ne suis pas resté bloqué et j'ai trouvé plusieurs idées.*

La bande de la réussite est un outil qui aidera votre enfant à **visualiser l'évolution de son apprentissage.** Il pourra ainsi prendre conscience de la réalité, à savoir qu'un apprentissage n'est pas toujours instantané. Cela lui permettra de cultiver des attentes plus réalistes et de vivre davantage de satisfactions.

Lorsqu'il aborde une nouvelle notion, l'enfant est probablement débutant en la matière. Il est possible aussi qu'il possède déjà quelques connaissances en lien avec le sujet. Néanmoins, chaque fois qu'il entre en contact avec la notion, ses connaissances progressent ou se consolident jusqu'à ce qu'il devienne expert. Voici comment utiliser l'outil concrètement.

Chaque fois que l'enfant étudie une notion (par exemple, l'accord des noms), il colorie un bout de sa « bande de la réussite » associée à cette notion. Il peut également y dessiner des pictogrammes d'émotions qu'il éprouve en cours de route.

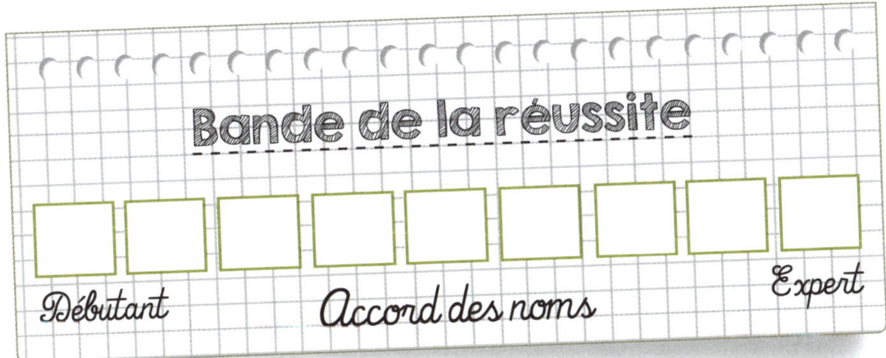

[Offrez votre aide]

Offrez du soutien pour les aspects qui ne constituent pas le but du devoir.

Exemples :

▸ *Lisez la consigne ou le problème de math pour l'enfant afin de lui laisser ses ressources pour résoudre le problème.*

▸ *Préparez ses outils de travail.*

▸ *Épelez les mots nouveaux lorsque votre enfant écrit sa réponse dans un travail de compréhension de texte.*

[Fabriquez une règle de lecture]

Amenuisez les difficultés mécaniques lorsque c'est possible, par exemple en utilisant une règle de lecture. Vous pouvez en fabriquer une en découpant une bande d'environ 10 à 20 cm de long dans une feuille cartonnée. Utilisez cette bande pour isoler la portion de texte sur laquelle l'enfant doit porter son attention.

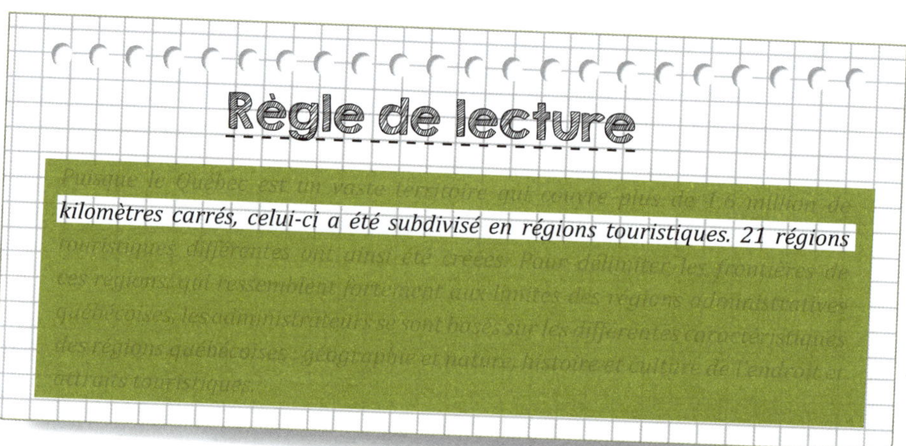

[Tenez compte de son style d'apprentissage]

Aidez l'enfant à prendre conscience de son **style d'apprentissage.**

Les apprenants auditifs sont ceux qui aiment parler en étudiant ou en chantant, enseigner aux autres pour assimiler la matière ou réciter par cœur.

Les apprenants visuels aiment dessiner ou schématiser leurs idées. Ils visualisent les notions et ils observent beaucoup.

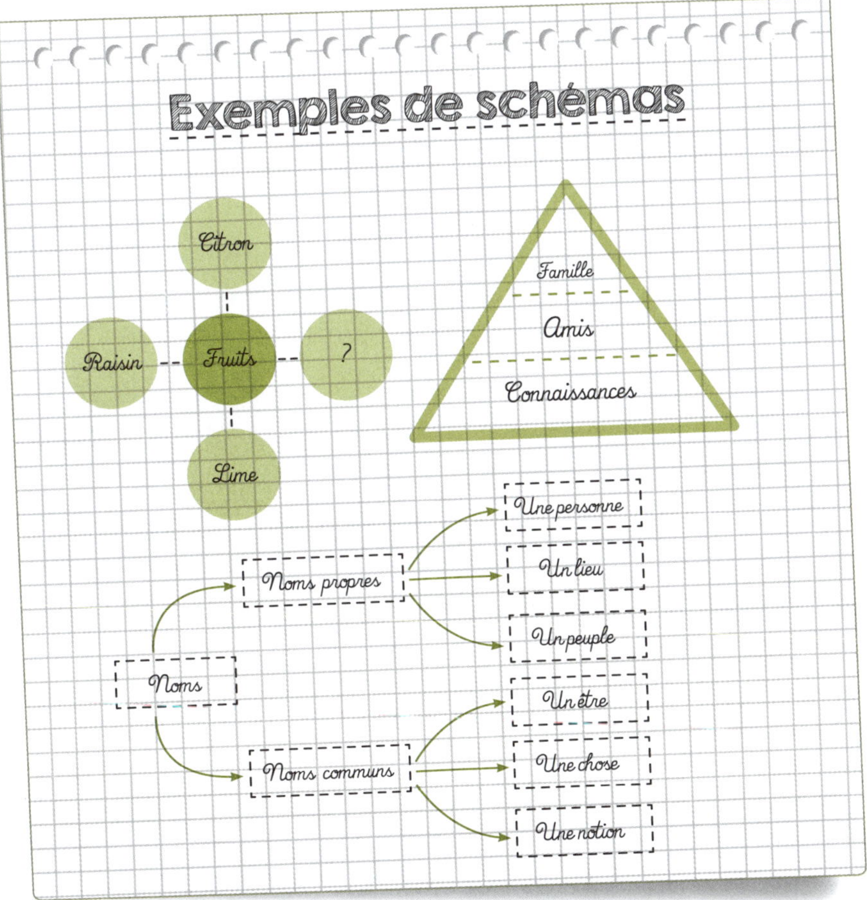

Enfin, **les apprenants kinesthésiques** apprennent mieux en bougeant, en expérimentant ou en manipulant des objets.

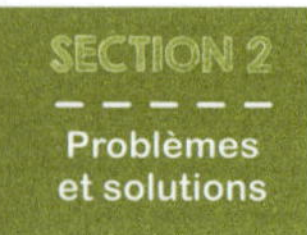

Plus l'enfant se connaît, plus il pourra demander qu'on le soutienne de la façon dont il apprend le mieux et moins il sera vulnérable à la frustration. Par exemple, un enfant pourrait dire : « Papa, peux-tu m'expliquer l'accord des noms avec un dessin ou un schéma ? Je n'arrive pas à bien l'imaginer lorsque tu me l'expliques à haute voix ». Pour cet enfant, il pourrait être utile d'avoir un ré-pertoire de schémas conceptuels (c'est-à-dire des exemples de schémas illustrant comment différents concepts sont reliés) pou-vant l'aider à mieux saisir les notions difficiles. Le même principe s'applique à un enfant qui apprend mieux en écoutant, en bougeant ou en touchant.

[Riez]

Ponctuez la période des devoirs de petits moments d'humour… Au besoin, gardez un livret de blagues à portée de main. Donnez le contrôle à l'enfant. Dites-lui de vous raconter une blague à in-tervalles réguliers durant les devoirs. Assurez-vous de rire à haute voix, même si vous exagérez vos réactions. **Le rire a de grandes ver-tus : il calme, il enrichit la relation et il donne un petit coup de pouce à la confiance en soi.**

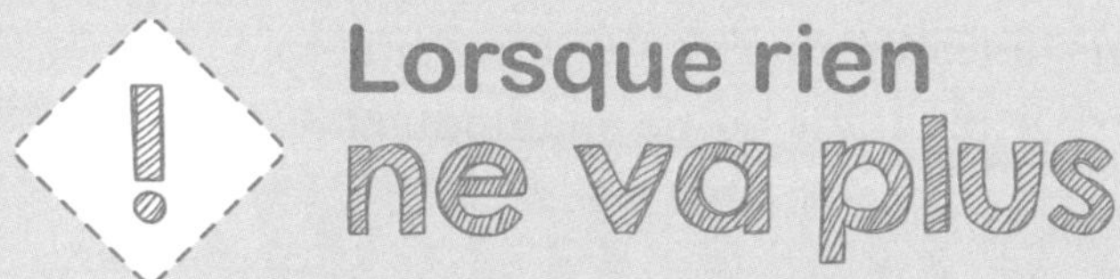

- **Reflétez la présence de colère, mais évitez de sanctionner la crise. Gardez votre attention sur le motif. (Par exemple : « Ton devoir de math t'a vraiment mis en colère », plutôt que « Bon, tu te fâches encore ! ».)**

- **Invitez l'enfant à retrouver le contrôle.**

- **Offrez du soutien et des câlins (ou tout autre moyen efficace) pour aider la colère à se dissiper. Évitez les punitions.**

- **Reportez la période des devoirs à plus tard (choisir le moment de reprise tout de suite) et retournez au coin devoirs au moment prévu.**

- **Avant de reprendre, assurez-vous de nommer ce qui a déclenché la colère et de faire les ajustements requis pour éviter de répéter la situation. Au besoin, révisez le plan de colère avant de recommencer à travailler.**

Il est partisan du moindre effort

Quelques hypothèses

[1] L'enfant ne voit pas l'avantage de faire des efforts pour réaliser un travail de qualité.

[2] Il ne ressent pas de fierté personnelle en lien avec ses réalisations.

[3] Il ne se sent pas valorisé lorsqu'il fait des efforts.

[4] Il ne perçoit pas le lien entre ses résultats scolaires (ses notes) et ses devoirs.

[5] Il n'a pas les ressources pour fournir davantage d'efforts (il a accumulé trop de fatigue mentale).

[6] Les devoirs ne sont pas corrigés ou notés d'une façon assez concrète pour l'enfant (par exemple, l'enseignant appose un autocollant ou écrit « BIEN » sur la feuille, sans autre rétroaction).

[7] Des difficultés importantes avec la calligraphie font paraître les devoirs comme une montagne infranchissable…

[8] L'enfant ne voit pas la pertinence de fournir des efforts, il est convaincu d'échouer.

[9] Il s'ennuie, les sujets scolaires ne le stimulent pas.

Pour partir du bon pied

[Concrétisez les attentes]

Précisez les attentes par rapport à la **qualité du travail à produire** ou aux **efforts à fournir.** Ces attentes doivent être mesurables et idéalement affichées près du coin devoirs. (Exemple : « Toutes tes lettres doivent être assises sur la ligne ».)

Cinq règles pour une belle écriture

☐ **Pression sur le crayon**

  ▸ *Écriture ni trop pâle, ni trop foncée*

☐ **Espacement**

  ▸ *Espaces entre les lettres*
  ▸ *Espaces entre les mots*

☐ **Grosseur des lettres**

  ▸ *Ni trop grosses, ni trop petites*
  ▸ *Toutes égales*

☐ **Lettres sur la ligne**

  ▸ *Pas de flotteuses, pas de plongeuses*

☐ **Formation des lettres**

  ▸ *Les lettres fermées sont bien fermées*
  ▸ *b, d, f, h k, l, t montent vers le ciel*
  ▸ *g, j, p, q, y descendent dans la terre*

[Valorisez les efforts]

Lorsqu'il fournit des efforts, valorisez ceux-ci à l'aide de 
compliments ou de renforçateurs concrets.

Mes enfants et mes clients apprécient beaucoup la « boîte à efforts ». Il s'agit d'un pilulier comme ceux qu'on peut se procurer en pharmacie. Sur le couvercle de chaque compartiment est apposée une image représentant un comportement attendu. Une petite récompense est cachée à l'intérieur du compartiment.

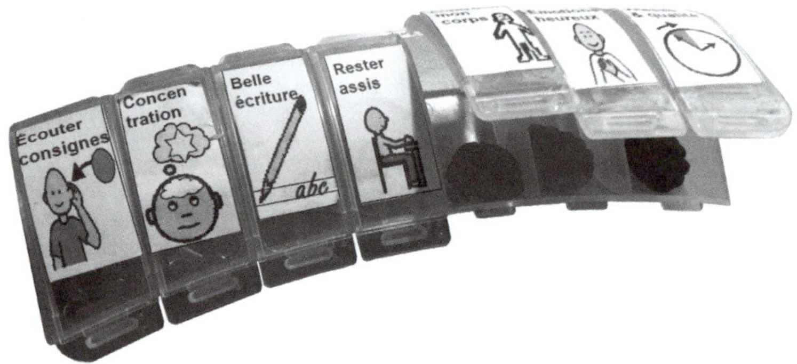

Exemples :

▸ *Écouter les consignes (de mon parent ou de mon enseignant, ne pas agir selon mes propres idées)*

▸ *Me concentrer (penser à mon travail, éviter les idées intruses)*

▸ *Utiliser ma belle écriture*

▸ *Rester assis*

▸ *Maîtriser mes émotions (éviter les émotions négatives trop intenses)*

▸ *Bien gérer mon temps (l'utiliser de manière efficace)*

Il est essentiel d'expliciter vos attentes et d'offrir à l'enfant un outil de référence précis lui permettant de mesurer son niveau d'atteinte de l'objectif.

Par exemple, il est nécessaire d'éviter des conversations comme celle-ci :

Adulte : Pourquoi ouvres-tu le compartiment de « Rester assis » ?

Enfant : *Parce que je suis resté bien assis !*

Adulte : Je ne crois pas, je t'ai vu te lever deux fois.

Enfant : *Ça ne compte pas, c'était pour aller chercher mon cahier dans mon sac et pour aller aux toilettes.*

En somme, il est essentiel de préciser les attentes. Le comportement « rester assis » pourrait par exemple se définir ainsi :

- *Je ne suis pas descendu de ma chaise.*

- *J'ai demandé à me lever pour une bonne raison (aller chercher un cahier, me verser un verre d'eau, prendre une pause bougeotte).*

- *Je me suis levé, mais je me suis tout de suite rassis en me rappelant la règle, sans qu'un adulte ne me la rappelle.*

Les renforçateurs peuvent être concrets (comme des autocollants) ou abstraits (comme des jetons à accumuler pour obtenir une récompense, des coupons représentant des minutes de jeux vidéo, etc.).

Pour que les renforçateurs fonctionnent, il faut que ceux-ci soient disponibles seulement en lien avec les devoirs. Par exemple, si on promet des minutes de jeux vidéo, la stratégie ne fonctionnera pas

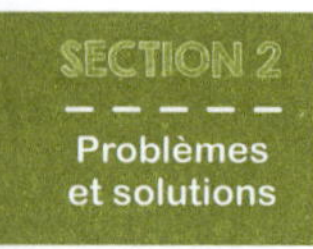

si l'enfant peut jouer à des jeux vidéo à sa guise dans d'autres contextes.

Il faut garder en tête que la boîte à efforts est un outil utile pour motiver l'enfant et l'encourager à faire des efforts. **Cet outil n'est ni magique, ni instantané.** Il ne transformera pas une période des devoirs difficile et inefficace en moment stimulant et productif. Cette boîte ne constitue pas non plus un outil de surveillance visant à mettre l'enfant en échec.

Il est essentiel de bien choisir les règles en fonction des besoins et des capacités de l'enfant. Il est probablement préférable de commencer avec un pilulier à trois ou quatre compartiments plutôt que sept. On peut aussi inclure des règles relatives à des choses déjà faciles pour l'enfant afin de lui assurer une part de succès.

[Accompagnez physiquement votre enfant]

Assoyez-vous à côté de lui. Faites une copie du devoir et faites le même devoir que lui en parallèle. Bien sûr, vos réponses seront très peu créatives et contiendront beaucoup d'erreurs. Votre enfant ne pourra qu'être très heureux de faire mieux que vous !

[Choisissez vos batailles]

En cas de surcharge ou de difficulté, **diminuez vos exigences.** Fixez un objectif spécifique par jour.

Exemples :

- *Lundi autonomie*
- *Mardi belle écriture*
- *Mercredi sans faute*
- *Jeudi créativité*

[Ciblez les résultats attendus]

En collaboration avec l'enseignant, établissez un code de couleur reflétant les résultats attendus. (Exemple : vert pour une note en haut de B ou de 70%, jaune pour un C ou pour des notes se situant entre 60 et 70%, et rouge lorsque la note est sous la barre du 60% (ou D). L'assignation des notes dans chacune des zones est arbitraire et déterminée en fonction des capacités propres à votre enfant. Par exemple, pour un enfant avec plus de potentiel, la zone verte peut commencer à 85 %.

Les attentes sont claires : toutes les notes devront se trouver dans la zone verte, à défaut de quoi les efforts seront considérés insatisfaisants.

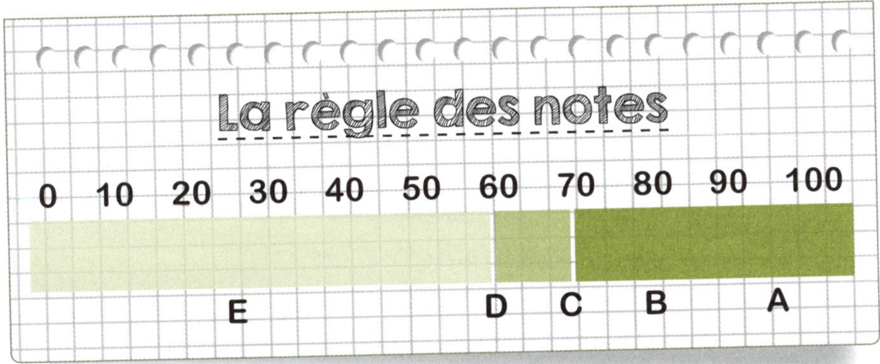

Vous pouvez aussi établir votre propre **système d'évaluation de l'effort** et donner une note correspondant à l'effort fourni (idéalement, l'enfant devrait pouvoir s'autoévaluer).

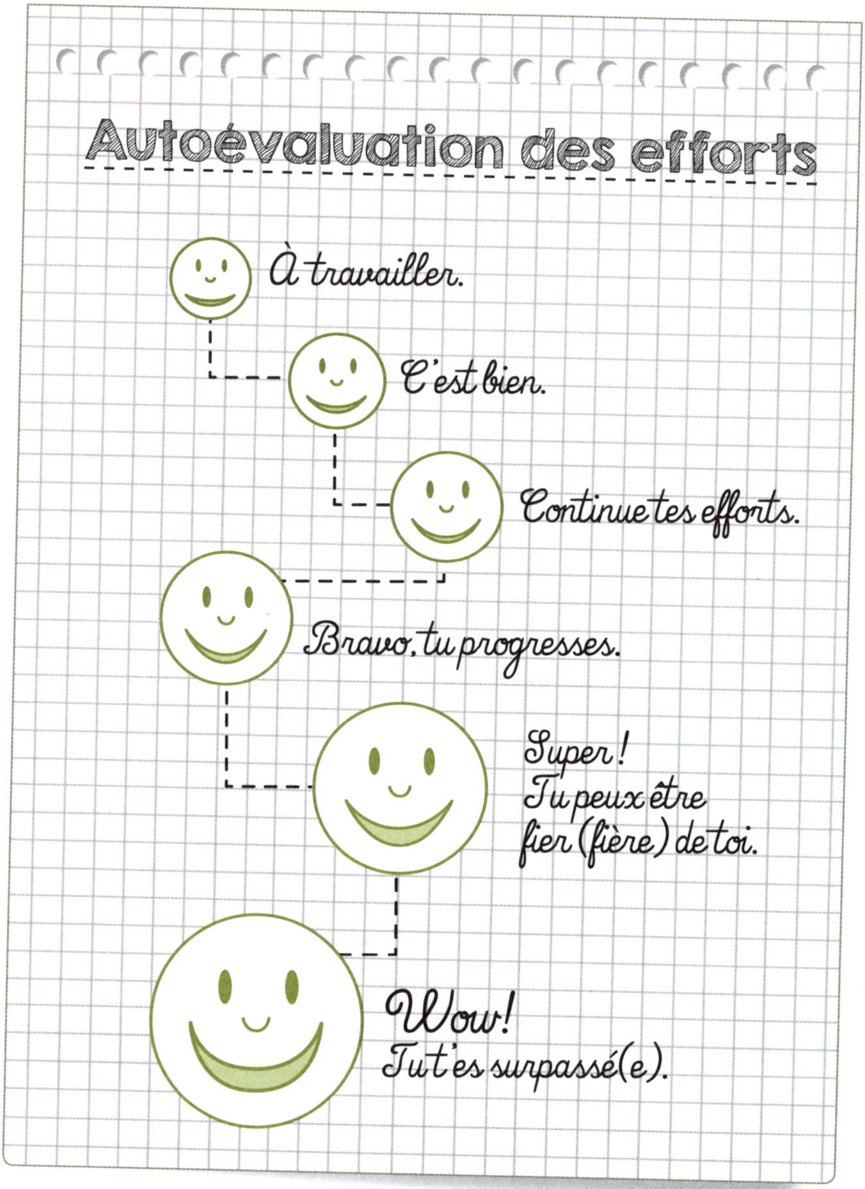

Autoévaluation des efforts

À travailler.

C'est bien.

Continue tes efforts.

Bravo, tu progresses.

Super !
Tu peux être
fier (fière) de toi.

Wow !
Tu t'es surpassé(e).

[Montrez votre appréciation]

Utilisez l'exagération et l'humour pour encourager les efforts.

Exemples :

- *Tombez de votre chaise quand il fait quelque chose de beau.*

- *Composez et chantez la chanson du travail bâclé.*

- *Imagez ses erreurs. Par exemple, imitez la lettre qu'il vient de tracer et qui est en train de tomber de la ligne ou de s'envoler, faites semblant de déposer une vieille pelure de banane dans l'ouverture qui a été laissée au-dessus de la lettre « O », imitez l'enseignant qui s'arrache les yeux à tenter de déchiffrer son écriture.*

Valorisez aussi ses efforts et ses réalisations en dehors du contexte des devoirs. Demandez à votre enfant s'il perçoit que ses efforts sont soulignés en milieu scolaire et discutez-en si nécessaire avec son enseignant. Par exemple, si la calligraphie de votre enfant laisse à désirer, il est possible que l'enseignant ne remarque pas ou ne valorise pas une légère amélioration à cet égard, surtout si la qualité de la calligraphie est encore largement sous le niveau attendu.

[Jouez avec les odeurs !]

On le sait, les odeurs peuvent provoquer des réactions physiologiques immédiates. Si une odeur est associée avec une émotion agréable, elle peut « allumer » notre cerveau et nous inciter à l'action. (L'odeur du café a cet effet sur moi!) Les experts en marketing l'ont bien compris et utilisent les odeurs pour influencer les comportements d'achat. On dit que les odeurs émanant des agrumes et des pâtisseries sont associées à la collaboration, celle du citron au rendement et celle de la cannelle à la vivacité d'esprit et à la concentration*.

En dehors du contexte des devoirs, amusez-vous à explorer les odeurs qui ont un effet positif sur votre enfant et utilisez-les durant la période des devoirs.

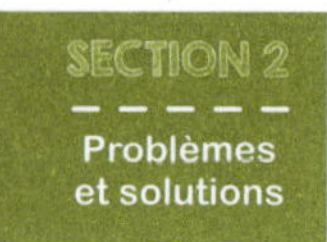

[Soyez créatif]

Variez les lieux, les positions, les outils et les contextes entourant la période des devoirs, surprenez votre enfant avec des idées créatives, bref, faites en sorte que la période des devoirs soit stimulante et amusante.

Exemples :

▸ *Allez faire les devoirs dans un café ou à la bibliothèque municipale.*

▸ *Jouez au « soccer des doigts » avec une petite balle. Quand vous comptez un but, votre enfant doit faire des efforts pendant 10 minutes.*

---

*Woodward Gord (2015). *Flair et marketing: L'utilisation des odeurs pour interpeler les clients.*

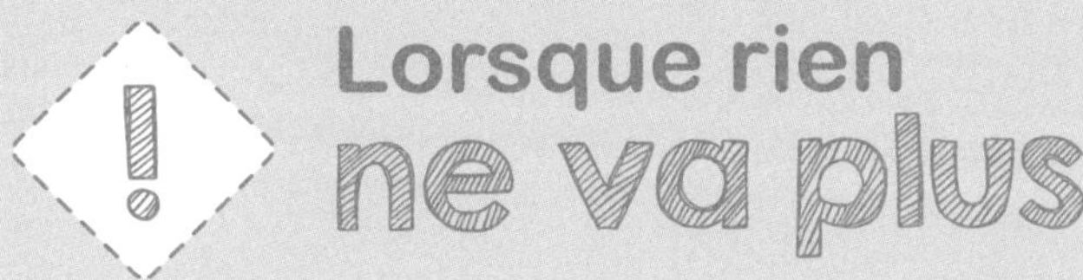

▶ **Choisissez une bataille et sortez l'arsenal de combat. L'enfant qui est régi par la loi du moindre effort a besoin d'objectifs précis et de critères d'évaluation clairs. Il a aussi besoin d'être motivé. Par exemple, proposez-lui de faire seulement l'effort d'accorder correctement les noms ou de bien aligner ses chiffres dans ses calculs pour commencer.**

▶ **Assurez-lui votre présence physique et mentale (ne faites pas autre chose en même temps). Participez activement à la période des devoirs.**

▶ **Proposez une nouveauté ou un élément de surprise pour accroître sa motivation. Par exemple, procurez-vous une application mobile qui produit différents sons. Appuyez sur un des boutons chaque fois qu'un effort est déployé (comme un bruit de vache quand l'enfant a pris le temps de vérifier l'accord du nom).**

▶ **Essayez un ingrédient magique, comme une « gomme de la belle écriture » (une gomme sans sucre qui donne tout à coup le pouvoir d'écrire plus lisiblement).**

▶ **Demandez à l'enseignant si certains travaux peuvent être faits à l'aide d'un ordinateur.**

Section 3

Défis particuliers

Il a un trouble d'apprentissage

Un trouble d'apprentissage est présent lorsque les processus neurologiques impliqués dans les apprentissages sont atteints chez l'enfant. Il se distingue de la difficulté d'apprentissage et de l'échec scolaire par sa nature persistante et spécifique*.

Normalement, le trouble d'apprentissage est défini en fonction de la compétence atteinte. Par exemple, la dyslexie affecte la lecture, la dysorthographie réfère à des difficultés en orthographe, la dysgraphie implique des problèmes en écriture et la dyscalculie, des difficultés en arithmétique. L'enfant qui a du mal à retenir les notions apprises en « univers social » parce qu'il n'a pas d'intérêt pour cette matière ne présente pas nécessairement de trouble d'apprentissage. Celui qui présente un an de retard en français non plus.

Différents professionnels (neuropsychologue, orthophoniste, orthopédagogue) sont habituellement impliqués dans les diagnostics de troubles d'apprentissage, qui sont plus souvent décelés à partir du deuxième cycle du primaire.

L'enfant qui a un trouble d'apprentissage doit parfois travailler jusqu'à deux à trois fois plus longtemps que l'enfant moyen pour maîtriser une matière donnée. Sa journée à l'école lui a demandé tant d'efforts qu'il est souvent épuisé cognitivement avant même de commencer ses devoirs. Il est aussi davantage à risque de se décourager, puisque ses efforts ne sont pas toujours couronnés de succès.

*Institut des troubles d'apprentissage (Institut TA), aqeta.qc.ca

Certaines stratégies d'adaptation peuvent aider à mieux traverser la période des devoirs. Par exemple :

Soyez réaliste

Prévoyez de courtes périodes de devoirs. Attaquez-vous à un seul défi à la fois.

Anticipez les difficultés

Lisez les consignes avant votre enfant, repérez les composantes plus complexes et, au besoin, préparez un soutien visuel qui favorisera la compréhension de votre enfant.

Allégez le fardeau

Lisez les consignes pour lui, surlignez les mots clés, biffez le contenu non essentiel.

Fractionnez le travail

Reformulez les consignes. Par exemple, dans un travail de rédaction qui demanderait ceci : « Créez un animal imaginaire et dites le métier qu'il occuperait dans un zoo de l'espace », la consigne pourrait être subdivisée en cinq étapes :

1. Nomme un animal.
2. Trouve un nom à l'animal.
3. Nomme un métier qui peut exister dans un zoo.
4. Dessine l'animal qui travaille dans le zoo.
5. Décris ton dessin en trois phrases.

Utilisez la technologie

Plusieurs ressources sont disponibles pour les enfants ayant un trouble d'apprentissage.

Il a un trouble de développement (TDAH ou TSA)

Un trouble de développement est présent lorsqu'il y a une perturbation dans le développement global de l'enfant. Plusieurs aspects du fonctionnement peuvent être atteints (motricité, apprentissage, autonomie dans les activités quotidiennes, relations sociales, gestion des émotions, etc.).

La présence d'un trouble de développement augmente la probabilité que la période des devoirs soit ardue. Différents troubles de développement tendent à affecter le contexte des devoirs différemment. Or, des défis spécifiques méritent des stratégies spécifiques.

Le trouble déficitaire de l'attention avec ou sans hyperactivité (TDA ou TDAH) entraîne certaines particularités sur le plan du contrôle attentionnel et moteur. Voici quelques défis typiques pouvant survenir durant la période des devoirs et des leçons pour l'enfant qui présente un déficit d'attention avec ou sans hyperactivité :

▸ **L'inattention provoque... des erreurs d'inattention !** Celles-ci ne reflètent pas nécessairement un manque de connaissances. Par exemple, l'enfant trouve la réponse mais, aussitôt qu'il se met à l'écrire, il commence à penser à autre chose. Il est essentiel qu'il apprenne à réviser afin de compenser pour ses moments d'inattention.

> **La tendance à être distrait** (c'est-à-dire la difficulté à garder une attention soutenue pour une durée suffisante) résulte en une difficulté à accomplir les tâches, à suivre des séquences, à lire les consignes jusqu'à la fin et à s'organiser. Les listes de boîtes à cocher une fois les tâches accomplies sont généralement utiles.

> L'enfant peut avoir de **la difficulté à partager son attention, c'est-à-dire à réaliser plus d'une chose à la fois.** Par exemple, il peut être ardu pour lui de porter son attention sur sa calligraphie en même temps que sur les idées ou l'orthographe. Ainsi, il sera plus pratique de diviser les tâches en plusieurs étapes :
> 1. Génération de l'idée à voix haute.
> 2. Rédaction avec attention sur la calligraphie
> 3. Correction.

> **La mémoire de travail est souvent moins efficace.** L'enfant peut avoir tendance à oublier rapidement ce qui vient d'être lu ou entendu. La multiplication des entrées sensorielles (lire une consigne à voix haute, répéter une consigne) est une technique qui pourra être bénéfique.

> Il arrive que l'enfant oublie son matériel ou ait du mal à réviser à cause de **sa tendance à l'impulsivité.** S'assurer d'avoir le matériel scolaire en double est souvent une bonne solution pour remédier à ce genre de situation.

▶ **Un cerveau qui recherche la nouveauté** tend à sauter des lignes en lecture et à s'attarder aux éléments visuels les plus « vifs » (par exemple, une image) au détriment d'informations plus importantes, mais présentées de manière plus subtile (par exemple les consignes imprimées dans les extrémités supérieures et inférieures de la page). La mise en relief des consignes à l'aide d'un surligneur peut être utile.

▶ L'enfant peut aussi avoir de **la difficulté à rester assis assez longtemps ou sans bouger.** Cela peut avoir un impact sur sa calligraphie et sur la qualité de son attention. L'utilisation d'un coussin d'air permettant un peu de mouvement est avisée, de même que des pauses fréquentes.

Référez-vous à la section sur les difficultés de concentration (p. 51), pour cerner les stratégies les plus utiles lorsqu'un trouble de l'attention est présent. Évidemment, les autres sections de ce livre proposent plusieurs stratégies pour répondre aux autres besoins que pourrait éprouver l'enfant.

Les troubles du spectre de l'autisme (TSA) sont caractérisés par un traitement différent de l'information. Ainsi, le traitement de l'information n'est pas nécessairement déficient, mais différent. Lorsque le parent comprend le mode de traitement particulier propre à son enfant, il peut lui apporter une aide indispensable à sa réussite scolaire et tout mettre en œuvre pour vivre des périodes de devoirs efficaces et harmonieuses. Voici quelques défis souvent rencontrés avec les jeunes autistes.

▸ L'enfant peut avoir tendance à appliquer les consignes d'un exercice antérieur à un exercice donné si la **disposition visuelle** présente des similarités. Ajouter un élément visuel (par exemple, encadrer le texte en couleur) permettra de dissocier les deux contextes.

▸ Il est susceptible de mal comprendre une consigne ou de **vivre de l'anxiété** s'il associe automatiquement certaines idées et que cela provoque pour lui une incohérence. Voici un exemple : un enfant n'arrive pas à comprendre un problème de mathématique qui inclut le terme « vendre ». (« Combien reste-t-il de poissons à vendre à l'animalerie? ») Pour lui, ce mot réfère nécessairement à l'expression « Maison à vendre ». Le problème de mathématique n'a aucun sens! L'adulte qui soutient cet enfant aura avantage à le questionner sur sa compréhension de chacun des mots dans les consignes afin de repérer le blocage.

▸ Il saisit mal la **pertinence** des devoirs et le contexte d'autorité (enseignant-élève) auquel il doit se conformer. L'enseignement d'une règle explicite présentant de façon comparative les comportements attendus et proscrits pourrait aider.

▸ Il est beaucoup moins disponible et il a plus de difficulté à mobiliser ses compétences pour réaliser les tâches qui ne correspondent pas à ses **champs d'intérêt privilégiés.** Pour remédier à cette situation, établir un lien entre la tâche à effectuer et un intérêt bien établi. (Par exemple : relier l'apprentissage des

divisions à l'idée de partager un nombre de blocs
Lego entre différentes structures.)

Plusieurs stratégies présentées dans cet ouvrage pourront certainement vous aider à répondre aux besoins de votre enfant. Cependant, il est également possible que le recours à des services spécialisés soit nécessaire.

Il est dyspraxique

La dyspraxie est un trouble neurologique affectant l'acquisition de la coordination. Elle se traduit par des difficultés de planification et d'organisation sur le plan moteur, mais aussi, de façon plus indirecte, par des difficultés dans la majorité des autres habitudes de vie (autonomie, communication, socialisation, apprentissages, loisirs, etc.). Voici quelques défis qu'ont à surmonter les enfants dyspraxiques.

- La posture assise sur une chaise exige beaucoup d'énergie. Assurez-vous de porter une attention particulière aux **règles d'ergonomie.** L'enfant dyspraxique pourrait aussi aimer travailler au sol, à plat ventre.

- S'il oublie souvent ses effets personnels, il peut être judicieux de posséder un double de certains accessoires ou manuels. Il pourrait aussi bénéficier d'un **aide-mémoire visuel** attaché à son sac d'école pour lui rappeler tous les éléments à y inclure avant de quitter l'école (et ainsi déjouer les impacts de la fatigue mentale de fin de journée).

- La calligraphie représente un réel défi. Toute **adaptation technologique** sera la bienvenue (ordinateur). Le parent peut aussi écrire à la place de l'enfant pour réaliser certains travaux. Lorsqu'il doit écrire lui-même, favoriser les feuilles avec des lignes doubles, sans pointillés.

▸ Dans tous les cas, attention au découragement. **Préservez l'estime de soi** en planifiant des périodes des devoirs raisonnables et en lui offrant beaucoup de valorisation.

Plusieurs stratégies provenant des différents chapitres de ce livre méritent aussi d'être explorées. En toutes circonstances, demeurez compréhensif et soyez prêt à vous adapter.

Section 4

Autres stratégies

À propos de l'autonomie

▸ L'autonomie ne doit pas devenir synonyme d'utopie. Cependant, dans ce domaine, rien n'est tout noir ou tout blanc. C'est un apprentissage qui se construit une étape à la fois et qui doit être favorisé dès les premières années scolaires.

▸ Il est possible de viser un certain niveau d'autonomie en fonction de l'âge de l'enfant. (Évidemment, les âges sont approximatifs et offerts à titre indicatif.)

6-7 ans

Il peut aller chercher ses affaires lui-même et ranger ses effets dans son sac lorsqu'il a terminé.

7-8 ans

Il peut installer ses cahiers et son matériel, à la demande de son parent.

8-9 ans

Il est guidé par son parent, mais il peut réaliser certaines tâches sans que le parent soit à ses côtés.

9-10 ans

Il peut se mettre au travail quand on le lui rappelle et réaliser la plus grande part de son travail tout seul. Il peut demander de l'aide s'il a des difficultés.

10-11 ans

Il peut initier lui-même la période des devoirs, se mettre au travail tout seul et demander de l'aide au besoin.

11-12 ans

Il peut gérer seul la période des devoirs.

13 ans et plus

Il peut gérer seul ses périodes d'étude. Il sait quand et quoi étudier, mais il peut demander de l'aide. (Par exemple : « Pose-moi des questions sur… ».)

▶ Le parent a lui aussi un apprentissage à faire lorsqu'il s'agit de donner plus de liberté à son enfant et de l'encourager à acquérir davantage d'autonomie.

- *Lorsque son enfant est âgé de 7 ou 8 ans, il peut lui donner rendez-vous à une heure précise à la table de la cuisine avec son sac plutôt que de tout installer pour lui.*

- *Vers 8 ou 9 ans, il peut quitter la scène des devoirs pour de courtes périodes.*

- *Entre 11 et 13 ans, il pourra l'aider à planifier lui-même ses périodes de devoirs et d'étude à l'aide d'un calendrier.*

Pour l'enfant qui n'a pas de difficultés d'apprentissage, il est constructif d'apprendre à se débrouiller seul pour résoudre certaines difficultés, par exemple en cherchant dans Internet ou en téléphonant à un ami. Il est également éducatif de le laisser faire certains choix (par exemple de ne pas faire un devoir) et d'apprendre à vivre avec les conséquences de ses décisions.

Tout cela n'implique absolument pas de vous désengager complètement. Continuez de montrer de l'intérêt en le questionnant sur ses travaux et en valorisant son autonomie.

Pour certains enfants, la période des devoirs est le seul moment où ils arrivent à obtenir et à conserver assez longtemps l'attention exclusive de leur parent. Pour eux, l'autonomie n'est pas attirante si elle a pour conséquence de restreindre le temps de qualité passé avec le parent.

J'ai compris cela avec mon fils il y a quelques années. Voici ce qu'il avait écrit dans la carte de Noël qu'il m'avait offerte (à ma grande surprise !) : « Chère maman, j'aime quand tu m'aides à faire mes devoirs. J'aimerais que tu joues plus souvent avec moi. Je t'aime ».

À propos du tutorat

Un service de tutorat serait-il la solution au fardeau que représente la période des devoirs ? Pour le savoir, il faut voir ce qu'un service de tutorat peut offrir. Grosso modo, on peut dire qu'il en existe deux grandes catégories : l'aide aux devoirs et le tutorat à proprement parler.

L'aide aux devoirs est un service d'accompagnement. La personne peut se rendre à votre domicile une ou plusieurs fois par semaine selon vos besoins et votre budget. Concrètement, la personne gère la période des devoirs à votre place. Elle aide votre enfant à s'organiser et à faire ses devoirs. En cas de difficulté, elle apporte les explications requises à la compréhension. L'accompagnateur peut avoir différentes expériences ou expertises (par exemple, être capable de gérer des comportements négatifs, de proposer des stratégies d'organisation, etc.) ou être simplement une personne agréable avec qui votre enfant est bien et se sent valorisé (comme un adolescent responsable). Certains sites Web gratuits, comme www.alloprof.qc.ca, peuvent aussi répondre à certains besoins.

Le service de tutorat, quant à lui, est plutôt un service de récupération ou d'enseignement adapté. On peut y avoir recours en cas de difficulté d'apprentissage. Le tutorat se concentre alors sur une matière en particulier. Dans les séances de tutorat, le tuteur dispense un enseignement spécifique (par exemple, il peut expliquer certaines règles grammaticales).

Ce type de service peut être offert à domicile ou dans un centre. Si vous vous adressez à un service professionnel de tutorat, le tuteur sera habituellement une personne diplômée en enseignement ou en orthopédagogie (adaptation scolaire). Cela dit, il est également possible de trouver un tuteur compétent dans votre entourage.

Si vos ressources sont limitées en temps (votre enfant a besoin de votre présence pendant une à trois heures par soir), en ressources humaines (vous avez plus d'un enfant ayant besoin d'aide et l'autre parent est fréquemment absent), en « qualités personnelles » (vous ne possédez pas la patience nécessaire) ou en connaissances académiques (vous ne comprenez pas les notions que votre enfant doit maîtriser), les services de tutorat et d'aide aux devoirs peuvent représenter de bonnes solutions. Par ailleurs, si vous vivez beaucoup d'interactions négatives avec votre enfant lors de la période des devoirs, il peut être positif pour la relation avec votre enfant de laisser ce terrain à quelqu'un d'autre. **Cela vous permettra de consacrer le peu de temps libre dont vous disposez à passer du temps de qualité avec votre enfant.**

Communication et relation avec l'école

Il sera toujours bénéfique d'adopter une perspective positive de l'enseignant et de l'école et d'entretenir une relation de confiance avec eux. Plutôt que de croire que l'enseignant de votre enfant « est toujours sur son dos » ou qu'il ne l'aime pas parce qu'il lui impose souvent des conséquences négatives à cause de ses devoirs non faits ou de piètre qualité, considérez plutôt l'enseignant comme un allié préoccupé par la réussite de votre enfant.

Lorsqu'un enseignant vous contacte par téléphone ou par écrit pour vous faire part de certaines insatisfactions en lien avec les devoirs, **tentez d'obtenir des exemples précis.** Il sera plus facile pour vous et pour votre enfant de résoudre un problème de « calligraphie malpropre » que de travailler sur le « manque d'effort », ceci étant plutôt vague.

Exposez et défendez le point de vue de votre enfant. Évitez toutefois de l'excuser ou de le déprécier. Par exemple, plutôt que d'insister sur la trop grande quantité de travaux, sur la difficulté des devoirs demandés ou sur l'incapacité de votre enfant d'y faire face, parlez de l'effet de surcharge ou de l'épuisement de votre enfant après une journée en classe et de sa disponibilité limitée en soirée. Il sera plus facile ainsi de trouver des solutions adaptées à sa situation.

Visez la collaboration. Comment allez-vous soutenir votre enfant, de part et d'autre ? Exprimez vos craintes et vos besoins. Évitez de blâmer le milieu scolaire ou d'exiger de meilleurs services de la part de l'enseignant et de l'école. Vous verrez, le résultat sera beaucoup plus positif. Par exemple, si votre enfant est plus disponible pour travailler pendant les journées de congé, certaines adaptations sont peut-être envisageables pour que le plan de travail soit remis avant la fin de semaine.

N'oubliez pas que les intérêts, le style d'apprentissage et la personnalité de votre enfant peuvent ne pas correspondre aux types de travaux que son enseignant lui propose. Si ses résultats scolaires sont généralement satisfaisants et qu'aucun échec n'est envisagé, vous pouvez choisir de ne pas vous préoccuper outre mesure des devoirs faits de manière expéditive dans les matières qui le stimulent moins et de plutôt le valoriser lorsqu'il s'investit dans les sujets qui l'intéressent. L'avenir de votre enfant n'est pas en jeu! Il aura peut-être plus de maturité l'année suivante pour mieux s'investir dans ses devoirs, peu importe le sujet.

Lorsque mon fils était en première année, je vivais beaucoup de frustrations parce qu'il refusait catégoriquement de faire ses travaux. Je devais me « battre » avec lui chaque soir. Craignant qu'il connaisse un cheminement pénible au cours des années suivantes, je souhaitais qu'il acquière tout de suite de bonnes habitudes de travail. De son côté, mon fils ne voyait pas la pertinence des devoirs (et pour être honnête, moi non plus, car les mêmes devoirs semblaient se répéter d'une semaine à l'autre.

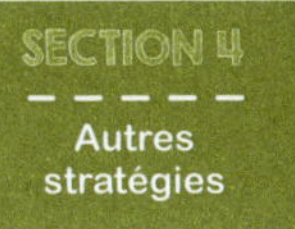

J'ai donc consulté son enseignante. J'ai alors appris que son objectif principal était de s'assurer que ses élèves aiment l'école. L'aspect répétitif des travaux avait pour but d'éviter que les élèves se trouvent en difficulté à la maison. Lorsque je lui ai fait part de la perspective de mon fils, elle a été compréhensive et m'a dit de ne pas trop insister si les devoirs étaient source d'irritation. Après cela, j'ai changé ma façon de présenter les devoirs à mon fils. J'ai plutôt misé sur son sens des responsabilités. Il est devenu beaucoup plus coopératif.

Conclusion

Ce livre vous a apporté une multitude d'informations et de suggestions qui vous aideront à améliorer l'efficacité et la qualité du contexte de la période des devoirs et des leçons.

Celle-ci dépend énormément de la perception que vous entretenez de lui. Si vous voyez le meilleur en lui, il en fera de même… et il souhaitera exploiter ses capacités au maximum.

Voici une petite pensée de mon cru qui résume bien ma façon de voir…

« Si vous ne voyez que du gris, vous récolterez de la pluie et des orages. Mais si vous cherchez les lueurs de couleur dans les situations difficiles, vous pourriez apercevoir un arc-en-ciel et croire au retour du beau temps. »

Derniers conseils Bravo. Vous avez maintenant l'inspiration nécessaire pour réaliser des changements. Maintenant, choisissez vos batailles. Ciblez des objectifs réalistes et, surtout, faites-en part à votre enfant.

N'abandonnez pas si vos interventions ne portent pas fruit du premier coup. La résistance de votre enfant témoigne de son intelligence. Faites comme lui, tenez votre bout. Voyez l'expérience comme un processus. La durée du voyage pourra être plus ou moins longue mais, si vous gardez le cap, vous arriverez à bon port !

Lorsque tout ira bien, que vous aurez envie de crier « Hourra ! J'y suis arrivé ! », eh bien, allez-y ! CÉLÉBREZ ! Assurez-vous aussi de faire le nécessaire pour conserver vos nouvelles habitudes. Ne relâchez pas la structure et les stratégies que vous aurez mises en place… C'est la clé du succès et de l'harmonie.

Évaluation de la perception de votre enfant en regard de ses devoirs

Mes devoirs sont :

- ☐ Agréables
- ☐ Difficiles
- ☐ Trop faciles
- ☐ Ennuyants
- ☐ Trop longs
- ☐ Trop courts

Je fais mes devoirs parce que :

- ☐ Ça m'aide à apprendre ce que j'ai vu à l'école.
- ☐ C'est une bonne façon de montrer ce que je sais.
- ☐ Ça m'aide à avoir de meilleures notes.
- ☐ C'est important pour mon futur.
- ☐ C'est une activité intéressante pour moi.
- ☐ J'aime relever ce genre de défi.
- ☐ Je suis fier de moi après avoir terminé.
- ☐ Pour ne pas me faire gronder ou punir par mes parents.
- ☐ Pour éviter les conséquences des devoirs non faits à l'école.

Pendant ma période des devoirs, j'aime qu'un de mes parents :

- ☐ Soit présent avec moi du début à la fin.
- ☐ Soit disponible en cas de besoin.
- ☐ M'encourage et m'offre des compliments.
- ☐ Me dise quand je fais des erreurs.
- ☐ Me suggère d'améliorer mes réponses ou ma calligraphie.
- ☐ M'aide à résoudre les situations difficiles en me guidant plutôt qu'en me donnant la réponse.
- ☐ M'explique pourquoi j'apprends les notions qui se trouvent dans mon devoir.

Évaluation de la perception et des besoins du parent en regard des devoirs*

Je participe à la période des devoirs de mon enfant parce que :

- [ ] C'est qui est attendu des parents et je suis une personne responsable.
- [ ] Je veux m'assurer qu'il a bien compris les enseignements vus en classe.
- [ ] Les devoirs sont essentiels à l'avenir de mon enfant.
- [ ] Je veux lui montrer l'importance des apprentissages.
- [ ] Je veux contribuer à ce que mon enfant soit intéressé par ses apprentissages.
- [ ] Je veux qu'il ait les meilleures notes possibles.
- [ ] J'ai du plaisir à apprendre avec lui.
- [ ] C'est une belle opportunité de passer du temps de qualité avec mon enfant.
- [ ] Je souhaite que l'enseignant de mon enfant ait une bonne perception de mon implication.
- [ ] Je ne pense pas que mon enfant soit capable de s'organiser seul.

À son retour de l'école, mon enfant est :

- [ ] Excité
- [ ] Épuisé
- [ ] Maussade
- [ ] Calme
- [ ] À fleur de peau
- [ ] Affamé
- [ ] Désorganisé
- [ ] Avide d'interaction
- [ ] Dans sa bulle

En soirée, j'ai besoin de :

- [ ] Calme et harmonie
- [ ] Prévisibilité
- [ ] Disponibilité

Par rapport à la période des devoirs de mon enfant :

- ☐ Je possède toute la disponibilité nécessaire.
- ☐ Je n'ai pas beaucoup de temps ni de flexibilité dans mon horaire.
- ☐ Je suis stimulé(e) et intéressé (e).
- ☐ Je suis ennuyé(e).
- ☐ Je crois avoir les compétences académiques pour l'aider adéquatement.
- ☐ Je me sens souvent dépassé par la matière.
- ☐ Je n'ai pas appris les choses de la même façon et j'ai de la difficulté à l'aider.

Pendant les devoirs de mon enfant :

- ☐ Je m'assure d'éviter les sources de conflit.
- ☐ Je réponds à toutes ses questions.
- ☐ Je corrige mon enfant dès que je vois une erreur.
- ☐ Je prends le temps de le laisser défendre son point de vue avant de lui suggérer une réponse différente de la sienne.
- ☐ Je l'encourage à trouver les solutions par lui-même en lui proposant des outils.
- ☐ Je fais souvent des liens entre le matériel dans le devoir et l'application dans la vraie vie.
- ☐ Je fais fréquemment des commentaires visant à lui montrer qu'il est important pour moi et que je suis fier de ses efforts.
- ☐ Je fais fréquemment des commentaires encourageants visant à lui communiquer que je crois en ses capacités.
- ☐ Je respecte ses difficultés sans les juger.

---

*Inspiré de : Katz,I., Kaplan, A., Buzukashvily. (2011). « The role of parents' motivation in students' autonomous motivation for doing homework », *Learning and Individual Differences,* 21, 376-386.

Chez le même éditeur

Expert en concentration : *Stratégies sensorimotrices pour faciliter la période des devoirs et des leçons*
Josiane Caron Santha; affiche individuelle; 6 ans et plus

Réussir à l'école : *Apprendre mieux en étudiant moins*
Jane Genovese, illustrations de Sharon Genovese; 40 pages; 10 ans et plus

Fini la procrastination : *Je passe à l'action !*
Jane Genovese, illustrations de Sharon Genovese; 40 pages; 10 ans et plus

Champion de l'organisation : *Trucs et astuces pour mieux t'y retrouver à l'école et à la maison*
Janet S. Fox; 40 pages; 112 pages; 8 ans et plus

Guide de survie pour les enfants vivant avec un TDAH
John F. Taylor, Ph. D.; 160 pages; 10 ans et plus

…et plusieurs autres titres.
Visitez notre site Web pour plus de détails :

www.miditrente.ca

ACHEVÉ D'IMPRIMER
en juillet 2015 sur les presses de
TC Imprimeries Transcontinental (Québec, Québec)

MIDI
trente
ÉDITIONS

© ÉDITIONS MIDI TRENTE inc.
www.miditrente.ca